LA

CONSCIENCE

MICHEL LÉVY FRÈRES, ÉDITEURS

OUVRAGES

DE

M. LE C^{TE} A. DE GASPARIN

Un grand peuple qui se relève. 2ᵉ édit. Un vol. gr. in-18.

L'Amérique devant l'Europe. — Principes et intérêts. Un vol. in-8º.

Le Bonheur, 5ᵉ édition. Un vol gr. in-18.

L'Égalité, 2ᵉ édition. Un vol. gr. in-18.

La Famille, ses devoirs, ses joies et ses douleurs, 7ᵉ édit Deux vol. gr. 18.

La Liberté morale, 2ᵉ édition. Deux vol. gr. in-18.

La France, nos fautes, nos périls, notre avenir, 3ᵉ édition Deux vol. gr. in-18.

La Conscience, 2ᵉ édition. Un vol. grand in-18.

Innocent III. Un vol. gr. in-18.

La Déclaration de guerre, 2ᵉ édition. Brochure.

La République neutre d'Alsace, 2ᵉ édition.

Appel au patriotisme et au bon sens. Brochure.

Les Réclamations des femmes, 3ᵉ édition. Brochure.

F. Aureau et Cⁱᵉ. — Imprimerie de Lagny.

LA CONSCIENCE

PAR

LE C^{TE} A. DE GASPARIN

DEUXIÈME ÉDITION

PARIS
MICHEL LÉVY FRÈRES, ÉDITEURS
RUE AUBER, 3, PLACE DE L'OPÉRA

LIBRAIRIE NOUVELLE
BOULEVARD DES ITALIENS, 15, AU COIN DE LA RUE DE GRAMMONT

1873
Droits de reproduction et de traduction réservés

Cette étude est le résumé, et comme l'essence de trois conférences données par l'auteur, à Genève, en 1869. Il les a lui-même condensées en trois parties, qui forment le volume que voici.

Note de l'Éditeur.

PREMIÈRE PARTIE

———

LA CONSCIENCE ET LA VÉRITÉ

RECHERCHE DE LA VÉRITÉ RELIGIEUSE

I.

QUESTION POSÉE

La conscience est un lieu commun. Mais rien n'est moins commun que les lieux communs, et rien n'est plus utile à étudier.

Quand on le fait passer de la région des banalités à celle des appréciations et de l'examen sérieux, on découvre, non sans surprise, que le sujet rebattu est un sujet tout neuf.

Je me sers donc aujourd'hui de ce lieu commun : la conscience, pour aborder l'Évangile par un côté nouveau.

Ceux qui se donnent les airs d'en appeler à la conscience contre l'Évangile, nous ont montré le chemin. Entrons-y hardiment. Voyons ce que la conscience nous dit sur la Révélation. En y regardant de près, nous découvrirons, je crois, que nous ne savons pas assez par quel étroit lien toutes les questions de droiture et de loyauté se rattachent à la Parole de Dieu, ni à quel point la Parole de Dieu est exigeante en matière de droiture et de loyauté.

Il importe de relever la conscience.

Aucun de nous n'a respiré impunément l'air de ce siècle voué à la critique, où rien ne parvient à se tenir debout, rien ni personne. Aucun de nous n'a impunément fréquenté les deux grandes écoles de notre temps, celle des événements, celle de Hegel, qui, l'une comme l'autre, nous ont enseigné la même chose : le respect du fait, l'adoration du succès, la négation de la vérité.

II

CE QU'EST LA CONSCIENCE

Je ne perdrai pas mon temps à démontrer la conscience. On ne démontre pas le soleil, on le montre.

La voix de Dieu en nous, notre conscience est cela, nous tient à tous un langage pareil : Le bien oblige ! — voilà ce qu'elle nous dit : Le bien est la double manifestation du bon et du vrai !

On a obscurci la question en confondant cette loi fondamentale avec ses applications pratiques. Comme catalogue, la conscience varie de pays à pays, d'époque à époque, d'éducation à éducation, selon les lumières. Comme obligation au bien, la conscience ne varie pas.

Ce témoignage de Dieu en nous, cette marque persistante de notre divine origine, rien sous le ciel ne saurait en détruire la vitalité. Le sens moral est aussi fidèle, aussi indépendant de nous que les sens physiques. Essayez de vous persuader que ce que vous touchez n'est point là ! Essayez de vous persuader que vous n'êtes point tenu de faire ce qui est bon ! Si l'on nous ôtait notre conscience, l'obligation morale, la morale elle-même, le monde moral tout entier croulerait du coup, car, tout entier, il repose sur une assise unique : la conscience.

Ce témoignage souverain est un témoignage infaillible. Nous ne parvenons pas plus à mettre en doute cette infaillibilité-là, que l'immutabilité du bien et du vrai.

Ce témoignage infaillible est un témoignage

universel. Cette révélation-là n'a fait défaut à aucun homme.

Fait universel, la conscience nous offre un terrain commun, le seul où nous puissions tous nous rencontrer, car, indépendamment des révélations extérieures, la conscience pose l'obligation morale, et l'obligation morale est notre maître à tous.

III

LES DROITS DE LA VÉRITÉ

Ni la vérité, ni les droits de la vérité ne parviendront à se passer de la conscience.

Tel homme connaît la vérité et méconnaît ses droits : il la connaît, mais non comme souveraine; il en trafique, il l'ajourne, il en fait une base à transactions; elle est à lui, il n'est point à elle. Tel autre ignore la vérité, mais reconnaît ses droits. Il appartient d'avance à toute vérité qui a fait ses preuves; il ne lui aptient pas à demi; qu'elle soit grande ou petite, commode ou gênante, populaire ou impopulaire, acclamée ou maudite, il sait d'avance qu'il la servira. Il est de la race de ceux qui disent : « Je ne puis autrement! »

C'est que deux races d'hommes, en effet, habitent la terre. La race des hommes qui ont des opinions et n'ont pas de convictions, qui adhèrent à un parti et n'ont pas de principes, qui s'échaufferont peut-être pour leur clan politique ou religieux mais auxquels la croyance profonde, personnelle en l'autorité de la conscience demeure étrangère; la race des hommes — ils sont rares — qui, niant ou croyant, ont le sérieux que donne la domination de la vérité. Leur conscience les gouverne. Elle cherche, elle doute, elle accepte, elle affirme. Rien de tout cela n'est un jeu des circonstances, un produit des entraînements, un calcul, une émotion passagère, un enrôlement facultatif au service de telle ou telle idée. Le vrai reste le vrai; le vrai doit être obéi.

J'ai parlé de race! Ce n'est pas que celle-ci

ait reçu ce qui manque à l'autre; seulement elle accomplit un acte moral auquel tous sont conviés : elle a écouté la conscience qui proclame la souveraineté du vrai. Elle est « de la vérité. » Elle vit de vérité. Elle souffre, au besoin, pour la vérité. Elle ne saurait se contenter à moins.

Il est beau, il est bon, ce besoin de la vérité! Par lui on cherche, et par lui on trouve.

Elle est idéale, cette soif du vrai! Par elle l'homme s'élève au-dessus des bas-fonds; par elle, il refuse de se tromper lui-même; par elle, il aspire à ce ciel dont le bonheur se compose en partie de la possession de la vérité; par elle, il entrera, tôt ou tard, en contact avec Celui qui se nomme « le Dieu de vérité [1] ».

---

1. Deutéronome, XXXII, 4.

IV

CROIRE EN CONSCIENCE

En présence des incrédulités bruyantes qui tiennent le haut du pavé, la poursuite de la vérité religieuse est devenue, je l'avoue, compliquée et angoissante pour plusieurs.

Quelques-uns hésitent devant tant de science hautaine. D'autres, tout en gémissant, se laissent éblouir.

Il me semble qu'on voudrait trouver — j'en juge par moi-même — une méthode certaine, populaire, qui permît de se dérober à ces périls.

Dans un sens, je me garderai de prôner ma méthode; chaque âme a la sienne, et Dieu aussi a ses méthodes pour nous attirer à lui.

Mais, après y avoir réfléchi mûrement, il m'a paru que la conscience se présentait à nous comme notre moyen de défense le plus sûr. Avec elle tout se simplifie, et l'on évite « de chercher beaucoup de discours [1] ».

C'est donc avec elle que je me propose d'aller à la rencontre des deux systèmes qui occupent le premier rang aujourd'hui : le Positivisme; et ce qu'on a nommé : la Science des religions.

Il importe plus qu'on ne l'imagine de croire en conscience et pas autrement. Croire par lassitude, par convenance, par paresse d'esprit, pour se délivrer des questions, pour faire

1. Ecclésiaste, VII, 29.

comme tout le monde ; croire à moitié, croire qu'on croit quand on ne croit pas : tout cela est effroyablement dangereux.

La vérité, traitée avec cette légèreté coupable, se venge. Et c'est à l'heure où notre foi nous serait le plus nécessaire, que nous nous apercevons qu'elle n'existe point.

On n'est pas consciencieux comme il faudrait, je le crains, en matière de conviction. Le mal qu'on fait ainsi est énorme, car il blesse la conscience dans son essence même.

Laissant les calculs ignobles ou les lâchetés, et à ne considérer que des entraînements excusables, parfois généreux, il ne saurait être indifférent d'avoir pris sa passion pour sa conviction, et d'avoir adopté, comme vraies, des croyances alliées aux choses ou aux gens qu'on aime. Il ne saurait être indifférent de se persuader qu'on est persuadé, quand on n'est encore qu'ému. Le vrai ne se laisse ni aborder, ni conquérir de cette façon. Lorsqu'on l'acquiert en conscience, on l'acquiert à la sueur du visage. Cela ne se fait pas autrement. Mais alors la prise est solide. Après les combats du cœur et de la raison, après les victoires de la conscience, on croit ce qu'on croit.

Ajoutons que les fortes croyances ne marchent ni avec l'étroitesse ni avec la roideur. Entre gens qui croient fortement, règne le respect. Ce sont des consciences en présence.

Me voici, moi convaincu, vis-à-vis d'un douteur consciencieux. Est-ce que je vais le traiter du haut en bas? Est-ce que je ne sens pas déjà une relation naissante entre lui et le Dieu de vérité? Est-ce que ces efforts d'une âme sincère en quête du vrai ne me remuent point?

Me voici, moi protestant, en face d'un catholique consciencieux. Est-ce qu'il n'y a rien de commun entre nous? Est-ce que nous ne servons pas le même Sauveur? Est-ce que nous ne cherchons pas la même lumière?

Et cela ne nous empêchera nullement,

notez-le bien, de maintenir, l'un comme l'autre, les diversités de notre foi. Nous ne trouvons pas que le faux vaille le vrai, qu'il y ait des erreurs ou salutaires ou indifférentes. Non, nous ne disons ni ne pensons cela. Et précisément parce que nous ne le pensons pas, nous nous rapprochons.

Je me défie très-fort, pour mon compte, des convictions de ceux qui ne savent ni respecter, ni sympathiser. La conscience maintient sa protestation contre l'erreur qui sépare, elle maintient son témoignage en faveur de la vérité qui unit.

V

NIER EN CONSCIENCE

Je viens de le dire, ma conscience ne me permet pas de déclarer que ceux qui ne pensent point comme moi ne sont pas consciencieux.

D'un côté, je me souviens d'avoir passé par là; de l'autre, je vois de mes yeux les douloureux et loyaux combats qui se livrent dans le cœur de certains chercheurs. Ces chercheurs, je sais qu'ils trouveront.

En attendant, ils doivent nous inspirer une compassion profonde. Il en est de découragés, qui, ayant rencontré beaucoup de croyances absurdes, ont renoncé à toute croyance. Il en est qui souffrent — j'en connais — ils ne veulent pas mentir; ils ne peuvent pas se contenter d'une forme ou d'une illusion; mais quelque chose les dévore, et leur désolation marque leur sincérité.

Il ne suffit pas, sans doute, d'être sincère pour être consciencieux. Gardons-nous de confondre ces deux mots. Tel homme qui doute sincèrement, finirait par sortir de son doute s'il écoutait jusqu'au bout sa conscience. Celle-ci réclame de nouvelles poursuites, de nouveaux efforts; elle indique du doigt le péché; elle récuse une conquête exclusivement rationnelle. Que de sincérités qui ne sont pas assez consciencieuses pour accepter ce rude travail !

Elles ne le sont pas, car très-difficiles vis-à-vis des raisons de croire, elles sont souvent très-crédules à l'égard des raisons de douter.

Les crédulités incrédules forment un gros chapitre des erreurs volontaires et fort peu consciencieuses du genre humain.

La sincérité ne suffit donc pas. Nous connaissons tous des sceptiques sincères qui acceptent carrément une théorie d'après laquelle il n'y a ni vrai ni faux; d'après laquelle rien n'importe; d'après laquelle toute religion mérite le respect, parce que toute religion est vraie à son heure, parce que toute religion répond à un besoin du cœur.

La conscience admettra-t-elle un instant cette doctrine? Aux yeux de la conscience, le faux sera-t-il jamais bon? La conscience permettra-t-elle jamais le mensonge?

Allez, il n'est pas inutile de rappeler à ceux qui nient ou qui doutent, le devoir de nier ou de douter en conscience. Qu'ils y regardent soigneusement. Tout comme il y a des croyants trop peu consciencieux, il y a des incrédules auxquels la conscience fait défaut.

La passion, moins que cela, une certaine inertie, la peur des problèmes, le désir d'en finir avec ce qui trouble, nous attirent des négations aussi bien que des affirmations sans intégrité. Il est si commode de se réfugier dans le parti pris pour échapper au combat!

Ajoutons, en ce qui concerne l'incrédulité, un besoin de se soustraire au Dieu de l'Évangile, une terreur de lui appartenir véritablement, que connaissent, hélas! tous nos cœurs mauvais. Car la vérité dont il s'agit, sachons-le bien, n'est pas une de ces vérités inoffensives qui se casent dans l'intelligence sans gouverner la vie. Cette vérité-là veut le cœur, elle veut l'existence, elle exigera des sacrifices, elle opérera une transformation radicale, elle tuera l'égoïsme, elle brisera l'orgueil, elle ouvrira devant nous les perspectives infinies du progrès moral, du dévouement absolu, de l'éducation personnelle.

Je n'ai donc pas tort de dire à ceux qui nient

— sans me permettre de juger personne : — Prenez garde!

Il n'est pas si aisé qu'on se le figure, de mettre de la conscience dans ses négations.

VI

LE POSITIVISME

Les scepticismes actuels portent la marque du siècle où nous vivons : un siècle enivré de science. C'est sa gloire et c'est son danger.

L'enivrement se conçoit. Quelle heure que celle où la vapeur et l'électricité ont supprimé les distances, où l'histoire des temps anciens semble jaillir tout entière des inscriptions enfin déchiffrées de l'Égypte et de l'Assyrie, où elle monte du sein des lacs qui nous ont conservé les traces de l'âge de pierre et de l'âge de bronze, où elle sort des entrailles mêmes de la terre dont les couches géologiques renferment les plus vieilles annales de notre globe !

Oui, la tentation d'orgueil scientifique est grande aujourd'hui. Raison de plus pour interroger notre science infaillible : la conscience.

Elle n'a rien à objecter aux méthodes scientifiques. La science, cela est clair, ne doit marcher qu'appuyée sur des observations, sur des faits, sur des preuves. Le positivisme scientifique est légitime.

Mais les sciences exactes ne sont pas toute la science, et l'intelligence n'est pas tout l'homme.

Rien de moins scientifique, rien de moins positif, que de nous donner un homme réduit à la cervelle. Les faits de sentiment, les faits de conscience sont aussi des faits, et les savants qui n'en tiennent pas compte ne méritent pas le nom de savants.

Notre science rend témoignage à notre

unité. L'homme est un. L'homme réduit au cœur et à la conscience n'est plus l'homme, car l'intelligence lui manque, et sans elle il ira à toutes les absurdités. L'homme réduit à l'intelligence n'est plus l'homme, car la conscience et le cœur lui manquent, et l'intelligence, raisonnant seule, aboutit à d'effrayantes aberrations.

Au nom du vrai positivisme, examinons le faux.

VII

CE QUE LA CONSCIENCE OPPOSE AU POSITIVISME

Nous avons affaire à des gens qui déclarent l'Évangile impossible à accepter.

Hé bien, j'ai envie de leur dire, moi, ce que ma conscience me déclare impossible à recevoir.

Elle me défend d'admettre comme un axiome, et sur le décret infaillible de certains esprits, que le surnaturel ne saurait exister. L'insolence des décisions de l'ignorance n'est rien, comparée à celle de tel savant qui nous ordonne de penser, sous peine de crétinisme, que Dieu est impossible, que la création est impossible, que la rédemption est impossible, que le monde des choses qu'on ne voit pas est impossible, que tout ce qu'on ne dissèque pas avec un scalpel de chirurgien, tout ce qu'on ne casse pas avec un marteau de géologue, tout ce qu'on ne manipule pas dans des récipients chimiques, tout ce qu'on ne constate pas avec les yeux, les mains et les balances, est impossible.

Pourquoi? Le maître a parlé. La cause est entendue!

Je n'ai pas besoin de raisonner beaucoup pour savoir à quoi m'en tenir sur de tels arrêts. Il me suffit d'interroger ma conscience, et mon intelligence, et mon gros bon sens par-dessus le marché.

Voici ce qui effarouche et mon bon sens et ma conscience, intime alliée du bon sens.

Croire au Dieu éternel, c'est absurde; mais

croire à la matière éternelle, c'est très-simple !

Vous qui ne croyez qu'à ce que vous avez vu, vous n'avez pas vu l'éternité de la matière ; n'importe, elle vous débarrasse de Dieu, cela suffit.

Or, ma conscience est d'un autre avis. Elle refuse de croire, sur votre seule garantie, que la matière s'est créée elle-même de toute éternité ; qu'elle s'est donné des lois à elle-même ; qu'elle-même a formé l'univers et lui a imposé l'ordre qui le régit ; qu'elle a façonné elle-même toutes les séries des êtres organisés.

La matière créant l'esprit, ce qui a l'étendue créant ce qui a la pensée et le sentiment, cela peut sembler fort naturel aux savants qui ne croient que ce qu'ils ont vu ; mais moi, que voulez-vous ? je ne suis pas assez crédule pour être incrédule à ce point. Ma conscience proteste, très-positivement, au nom de tout ce que j'ai en moi d'intelligence et de cœur, au nom de cette conscience même, qui serait sortie, elle aussi, d'une combinaison de la matière!

Oui, ma conscience se dresse en face de votre positivisme. Elle demande qu'on l'explique, elle! Elle affirme — et d'une voix que tous entendent — qu'elle est le témoin de Dieu en nous, et que, puisqu'elle est un *fait*, ceux qui ne tiennent compte que des *faits* doivent, en sa présence, reconnaître qu'il y a un Dieu.

Expliquez la conscience autrement que par Dieu! Vient-elle de l'homme? elle s'indigne contre l'homme. Vient-elle de l'intérêt et de l'instinct de conservation? elle s'insurge contre l'intérêt et nous commande jusqu'au sacrifice de la vie.

Combien vous faut-il de milliards de siècles, en partant de la *cellule*, pour arriver à la conscience?

Dites-le.

Et l'instinct, le simple instinct d'une mouche

qui va déposer son œuf dans l'animal où il éclora — ce qu'elle fait sans l'avoir vu faire, car sa mère était morte quand elle-même est née — cet instinct, comment le tirerez-vous des combinaisons de votre matière?

Affaire d'hérédité! — dites-vous. Mais cette hérédité, la trouvez-vous plus aisée à expliquer *matériellement* que l'instinct?

En vérité, s'arrêter à de pareilles objections quand on a l'intelligence, quand on a le cœur, quand on a la conscience, c'est perdre son temps.

La conscience d'un côté, la négation systématique de l'autre, il faut choisir.

Quiconque choisira la négation du surnaturel, construira son positivisme sur ce qu'il y a de moins scientifique au monde : Le refus de tenir compte d'*un fait* évident, incontestable, universel : le fait de la conscience.

Il y a plus. Vous qui niez le surnaturel pour

nous réduire à la matière, vous supprimez du même coup la liberté.

Les lois de la matière — lois inexplicables d'ailleurs — sont des lois fatales. Il est aussi impossible d'admettre un atome de liberté dans les évolutions de la matière, qu'un atome de liberté dans la composition des acides ou des sels.

Demandez aux savants ce que deviendraient la chimie et la mécanique, si la moindre liberté s'en mêlait.

Notre conscience a son mot à dire là-dessus. Dès que Dieu est remplacé par la matière, la liberté, qui n'est plus là-haut, ne saurait subsister ici-bas. La liberté une fois détruite, la morale est tuée.

Avec les combinaisons de la matière, vous pouvez imaginer — et encore — des appétits, des sensations, la recherche de ce qui sert, la crainte de ce qui nuit; mais concevoir une liberté, mais construire une morale, je vous en défie !

L'indépendance et la morale sont à leur place dans un monde où la grande liberté divine a créé, a organisé, où il y a une justice et où il y aura un jugement. Il n'existe de place ni pour la morale ni pour la liberté dans le monde des évolutions de la matière.

Je parlais de morale ! L'école incrédule dont il s'agit, subit à son insu l'influence de sa doctrine. Le fanatisme vient s'associer pour elle au grossier panthéisme, qui n'est qu'une divinisation de la matière. Le fanatisme dans l'histoire, le devoir remplacé par l'impulsion de la chair — chacun obéissant à sa nature, à ses instincts, aux lois de son organisation ; la littérature elle-même n'étant plus que l'expansion nécessaire des milieux et des complexions diverses — voilà les théories morales que nous révèle la *morale de l'avenir*.

Heureusement, notre conscience est là.

Elle nous avertit. L'expérience, qui lui vient en aide, nous dit à son tour que depuis longtemps, dans tous les alambics de la philosophie matérialiste, on s'est efforcé de transformer les instincts en morale et les intérêts en devoirs. On a eu beau faire. Jamais ni la morale, ni la conviction personnelle de devoir ne sont sorties des récipients où l'on avait versé des montagnes d'intérêts publics et privés.

Voici la corruption; voici la douleur; voici la mort. Que nous dit le matérialisme et que nous dit la conscience?

Mourons-nous tout entiers? Nos bien-aimés meurent-ils tout entiers? Au bord de cette fosse qui s'ouvre, nous résignerons-nous à croire aux évolutions de la matière, à la destruction finale de ce que nous avons chéri et qui va entrer dans des combinaisons nouvelles? Ce qui a aimé, ce qui a pensé, ce qui a prié, ce qui a pratiqué le bien, tout cela, était-ce la matière?

Un cri de notre conscience a répondu! Rien

de tout cela n'est la matière, rien de tout cela ne peut venir des combinaisons de la matière ; tout cela porte le sceau de Dieu, du Dieu vivant, personnel, libre, le sceau de la création intelligente, aimante, surnaturelle ; pas une faculté de notre esprit, pas une tendresse de notre cœur ne sauraient périr ; et le jour où nous parviendrions à nous persuader le contraire, nous ferions bien, je le déclare, de ne plus penser, car la pensée aboutissant au néant serait de toutes les vanités la plus vaine ; nous ferions bien de ne plus aimer, car, avec l'éternelle destruction au bout, l'amour serait, de toutes les tromperies la plus féroce, de tous les mensonges le plus infernal.

Je le répète, notre conscience est là. Elle proclame Dieu, elle affirme l'éternité, elle appelle à grands cris la rédemption. En présence de la liberté, de la morale, du péché, de la douleur, de la mort ; des *faits* les plus universels, et les plus certains, et les plus scientifiques ;

elle nous interdit de mettre en doute le surnaturel ; elle nous montre l'affreuse inanité de ces crédulités incrédules qui prétendent ne croire que ce qu'elles ont vu, et qui débutent par deux *absolu* : Croire ce qu'elles n'ont pas vu, nier ce qu'elles voient [1].

Notre conscience ne fait pas meilleur parti aux doctrines déistes qui conservent l'âme, maintiennent Dieu, reconnaissent la création, veulent la morale, et tolèrent même un peu d'Évangile, pour assaisonner le tout ; mais qui nient absolument l'action directe, vivante, quotidienne et indépendante de Dieu, sur les affaires de sa maison.

---

1. Dès l'instant où vous arriveriez à ne croire que ce que vous voyez, c'est-à-dire ce que vous touchez, je vous plaindrais profondément. Ce que vous ne voyez pas, ce qu'on ne peut toucher de ses mains ni examiner au microscope, c'est la morale, la justice, le droit, la liberté, le devoir, les affections, l'âme. Ai-je vu l'intelligence? Ai-je vu cette raison au nom de laquelle on nie ce qui n'est pas elle? On ne les voit pas plus qu'on ne voit la conscience ou l'esprit.

Parvenez-vous à croire en un Dieu qui a été libre un jour, qui le lendemain a cessé de l'être, emprisonné dans sa propre œuvre, paralysé par ses propres lois? Ma conscience, elle, s'indigne à la pensée de ce Dieu-là, qui n'agit pas, qui n'aime pas, qui ne s'émeut pas, qui ne se révèle pas. Elle découvre une contradiction choquante entre l'idée même de Dieu, c'est-à-dire de l'Être puissant, bon, saint, miséricordieux et libre, entre l'idée du *Père céleste* en un mot ; et la théorie d'un Dieu immobile, impassible, enchaîné, d'un Dieu sans entrailles, d'un Dieu qui voit souffrir, qui entend prier, qui entend pleurer, qui entend crier ses créatures, et qui, pas une fois, ne leur tendra la main !

« Si vous savez donner de bonnes choses à vos enfants, combien plus votre Père qui est aux cieux [1] ! »

[1]. Évangile selon saint Matthieu, VII, II

Ce que Jésus me dit, ma conscience le pressentait.

Avec ceux qui, faisant un pas de plus, semblent accepter l'Évangile, tout en lui ôtant son caractère d'autorité pour le soumettre aux révisions de la raison individuelle, ma conscience n'hésite pas davantage.

S'il y a une Révélation divine, elle ne saurait être traitée — ma conscience l'affirme — comme on se permet de traiter la Parole de Dieu.

Un livre dont chaque partie porterait le sceau des préjugés du temps, l'empreinte des erreurs personnelles, la trace des tendances dominantes ; un livre dont il nous faudrait contrôler les récits, la morale et la métaphysique, ce livre ne nous révélerait rien, absolument, que ce qui nous plairait.

Mutiler la Révélation pour n'en plus faire qu'une suite de textes épurés, c'est réduire l'Évangile à la croyance en Dieu, au respect pour Jésus-Christ, à l'acceptation de quelques principes moraux; c'est effacer haut la main tous les traits distinctifs de la religion qu'on prétend recevoir.

Ma conscience ne dissimule pas son dégoût à la rencontre d'un tel orgueil.

Quant à l'acte qui consiste à rejeter, en déclarant qu'on accepte; notre sens moral a sa façon à lui, et de le juger, et de le définir.

Il s'agit d'une question de bonne foi. Accepter, c'est accepter; rejeter, c'est rejeter.

Sans anticiper sur la suite de cette étude, ma conscience, à qui je ne demande pas en cet instant ce qu'elle pense de l'Évangile, me dit cependant que, s'il y a quelque part une doctrine qui réponde à tous nos besoins, qui résolve tous nos problèmes, qui sanctifie nos âmes, qui donne à nos douleurs un espoir assuré, qui fonde la famille, qui mette ici-bas la liberté, l'égalité, la charité, la paix; ma conscience me dit que, si cette doctrine s'adapte aux nécessités d'une race déchue mais responsable et capable de relèvement, que si cette doctrine embellit la terre, que si elle ouvre le ciel, que si elle ennoblit l'existence, que si elle introduit une forte et simple morale dont la grandeur n'ait jamais été égalée, que si elle abolit les vieilles pourritures des vieilles sociétés pour enfanter une civilisation nouvelle et supérieure, notre devoir ne saurait être en aucun cas de la repousser légèrement, au nom du Positivisme, au nom du Déisme, au nom du Rationalisme.

Nous sommes tenus de la considérer très-respectueusement et de très-près.

VIII

L'HISTOIRE NOUVELLE DES RELIGIONS

M. Burnouf, exprimant avec plus de sans-gêne ce que l'école moderne tout entière tend à penser, n'a pas craint de nous exposer une science des religions dont la conclusion, hardie pour le moins, est que : toutes les religions se valent! Au fond, il n'y en a qu'une!

Cette religion unique se trouve renfermée dans les Védas. Le soleil, la chaleur et le vent : le Père, le Fils et le Saint-Esprit — j'hésite à transcrire de tels blasphèmes — s'y révèlent déjà. C'est la vie, le mouvement et la pensée.

Nulle religion n'a ajouté à ce fond commun.
L'Évangile n'y a rien ajouté !

Appliquons notre méthode ; appelons-en à la conscience.

Que pense-t-elle du procédé qui consiste à dépouiller l'Évangile de toutes ses doctrines saillantes — oui, toutes, sans exception — pour se donner le droit de dire après : L'Évangile ressemble à tous les autres livres sacrés !

Voici quelques-unes des révélations spéciales à l'Évangile qu'on a supprimées comme insignifiantes, afin de le réduire à cette quintessence, à cette religion unique des Védas :

Le Dieu vivant, la chute, le libre arbitre, l'expiation, la grâce gratuite, la nouvelle naissance, la sanctification avec ses luttes innombrables et sa marche infinie.

Est-ce en conscience que, prétendant confondre l'Évangile avec les Védas, avec le boudhisme, avec les cultes de l'Orient, de l'Égypte et de la Grèce, on en retranche ce qui fait qu'il est lui? Je voudrais savoir, et je me le demande sérieusement, afin d'excuser ceux qui opèrent de pareilles mutilations ; je voudrais savoir si, dans leur légèreté incroyable associée à tant de prétentions scientifiques, à un ton si doctoral, ils ont pris la peine de lire, ou même de feuilleter l'Évangile.

Un Dieu qui donne son Fils, un Fils éternel qui se donne, une grâce qui n'altère en rien la justice, une manifestation de pitié qui n'a rien de commun avec la bonté indifférente au mal, cela ne se rencontre pas partout que je sache. L'Évangile seul nous révèle un Dieu d'amour qui n'est pas le *bon Dieu*. L'Évangile seul met la liberté dans le ciel et sur la terre. L'Évangile seul nous dévoile une éternité où l'individu persiste, qui n'est ni l'absorption védhique, ni l'absorption boudhiste, ni l'absorption panthéiste et stoïque.

Ce qui n'empêche pas que l'Évangile ne soit une édition à peine revue des Védas!

On nous fait une science des religions, et l'on ne s'arrête pas même devant le problème de Jésus-Christ, le grand miracle de l'histoire, le miracle qu'on n'expliquera jamais, celui au sujet duquel la *conscience* de Rousseau s'écriait dans le siècle dernier : « L'inventeur en serait plus étonnant que le héros ! »

Il y aurait trop à dire.

Allons droit au point central, au fait sur lequel on insiste. Est-il vrai, oui ou non, que l'Évangile et les religions païennes nous présentent une seule et même morale?

La conscience démolit cette énormité.

Qu'on trouve de beaux préceptes dans toutes les religions, cela va de soi. La conscience, qui est le témoin de Dieu dans l'homme, fournit à tous les hommes une série semblable d'axiomes justes et moraux. Donner à boire à celui qui a soif, nourrir celui qui a faim, plaindre les affligés; pardonner, aimer, vaincre son égoïsme: voilà qui peut et doit se reproduire chez tous les moralistes, du plus au moins.

Notons pourtant quelques différences.

Vous êtes obligé de glaner çà et là dans les Védas, dans Bouddha, dans Zoroastre, dans les théogonies helléniques; vous n'oseriez nous montrer vos belles sentences, ni entourées du cadre hideux qui les emprisonne, ni perdues au milieu des souillures, des absurdités, des immoralités qui les enveloppent.

Quant à l'Évangile, prenez-le de la première ligne à la dernière, vous n'aurez point à faire un choix; il ne sera pas plus nécessaire de trier que de voiler.

Je vous prierai, en outre, de nous présenter un autre livre qui contienne ces choses-ci :

Le péché, dans sa tragique horreur.

L'individu, dans sa responsabilité personnelle.

La nouvelle naissance, dans l'immensité du changement exigé.

Le Saint-Esprit, rendant l'homme capable de repentir, de foi, de transformation.

Le pardon, saisissant l'âme, régénérant le cœur, mettant le mobile à côté du devoir.

La vie en Dieu rendant toutes choses nouvelles.

La grande morale ouvrant les avenues sans terme de ses réformes et de ses bénédictions.

Et cette grande morale, remarquez-le, n'a pas un trait de commun avec l'ascétisme; c'est la vie ordinaire, épurée, non mutilée.

Les Védas vous ont-ils rien montré de pareil?

Les vertus touchantes, mais essentiellement monacales de Bouddha offrent-elles ce caractère parfaitement divin et parfaitement humain?

Ou bien les philosophes stoïques — vous le voyez, en choisissant le stoïcisme et Bouddha, je vous fais la partie belle—les sages stoïciens nous auraient-ils révélé la morale évangélique? Leur morale, cette morale du devoir glacé, cette morale de l'impassibilité panthéiste, serait-elle par hasard la morale des apôtres?

Il y a plus, et ma conscience ne me permet pas de l'oublier; parmi ces religions, semblables à l'Évangile, les unes accomplissent le salut par l'absorption finale, les autres promettent le bonheur par le Nirvânha; celles-ci opèrent la régénération par un acte absolument étranger à la volonté libre, celles-là laissent entrevoir une éternité si douteuse, que, le plus souvent, elle se traduit par un : peut-être.

Toutes les religions se valent, prétendez-vous ! Les monstruosités de l'Olympe grec, les orgies du culte syrien, les enfants brûlés à Carthage, tout cela vous paraît identique à l'Évangile !

Et vous le déclarez sérieusement ; et vous le propagez ; et cela s'accepte ! Et ces saturnales du ciel, ces fanges divines, quand vous nous avez expliqué qu'elles sont une légende populaire, que cette légende est sortie d'une allégorie, que l'action, que le mélange, que le mariage des éléments étaient représentés par de telles turpitudes, vous croyez les avoir justifiées ! Belle excuse pour une religion ! Belle excuse pour une morale ! Les peuples voient ce qu'ils voient, ils entendent ce qu'on leur dit.

Je reconnais les beautés des poëmes indous, j'admire les nobles traits de la vie de Bouddha ; toutefois, ma conscience ne me permet point d'oublier ni quelles folies dégradantes altèrent ces beautés, ni quelle étouffante étroitesse, ni quelle soif du néant sont venues gâter cette noble vie.

En définitive, lorsqu'on m'invite à contempler dans les Védas l'idéal de la religion et de la morale, je ne puis m'empêcher de penser que, si la vérité métaphysique et morale a de tout temps couru les rues, comme on l'affirme, elle a dû être connue par les philosophes les plus réputés de Grèce et de Rome. Or Platon, voulant me montrer une société parfaite, me décrit les infamies de sa République; or Cicéron, cherchant ce qu'il faut penser de la vie future, ne trouve guère qu'une brumeuse espérance à mettre devant mes douleurs.

En présence de tels faits, vous osez nous dire que l'Évangile, c'est ce qu'on avait toujours vu! Expliquez-nous alors pourquoi, lorsqu'il a paru, il a semblé si nouveau, si étrange, si scandaleux? pourquoi ce trouble inouï? pourquoi l'histoire coupée en deux? D'où vient qu'une révolution immense s'est accomplie, et que les temps modernes en sont sortis?

Une autre question: D'où vient que cette

Révélation, semblable à toutes les révélations précédentes, satisfait les besoins que nulle religion, que nulle philosophie n'avait contentés avant elle : besoin de pardon, besoin de relèvement, besoin de sainteté, besoin de vérité? D'où vient que tous ceux qui ont rencontré les autres religions, qui ont réellement accepté celle-ci, ont reconnu le sens profond de la parole : « Celui qui boira de cette eau aura encore soif ; mais celui qui boira de l'eau que je lui donnerai n'aura plus soif; en lui naîtront des sources vives qui jailliront jusque dans la vie éternelle[1] » ?

---

1. Évangile selon saint Jean, IV, 13, 14.

IX

TERRITORIALISME PAIEN ET CONSCIENCE CHRÉTIENNE

Ce qui caractérise la prodigieuse révolution opérée par l'Évangile, c'est qu'elle est une révolution de la conscience.

En face du territorialisme païen, l'individualisme chrétien s'est levé.

Un mot résume le paganisme sous toutes ses formes : négation de la vérité, par conséquent, négation de la conscience.

La vérité nationale n'est plus une vérité ; la conscience nationale n'est plus la conscience.

Que devient-elle, cette pauvre conscience, vis-à-vis de la croyance du pays, de la croyance légale, de la croyance obligatoire, de la croyance héréditaire ? Elle ne pose plus même la question de vérité ; elle s'habitue à admettre une vérité en deçà des Pyrénées, une vérité contraire au delà.

Bien plus, chez les hommes qui reconnaissent encore les droits de la vérité, chez ceux qui la poursuivent, chez un Socrate par exemple, la flétrissure du principe païen demeure et tient ferme. Socrate mourant a soin de se mettre en règle ; il parle « des Dieux » ; il ordonne de sacrifier un coq à Esculape ! Son âme indépendante et qui va partir n'a secoué qu'à demi le joug écrasant de la religion territoriale.

L'Évangile, ce fut la conscience humaine qui se redressa. L'État antique rencontra l'homme devant lui. Tout à coup, il se trouva des gens pour imaginer, chose étrange, des problèmes de conscience et de vérité!

Grand événement dans l'histoire.

On a dit de Jésus-Christ qu'il ne s'appelle pas la coutume, mais qu'il s'appelle la vérité. Voilà où est l'événement. La vérité, la vérité niant son contraire, la vérité nommant son contraire : erreur ; la vérité voulant être uniquement acceptée, obéie uniquement ; la vérité exclusive, la vérité absolue, la vérité souveraine, la vérité avec son autorité : tel est le monstre qui vient brutalement épouvanter la sérénité païenne.

Les témoins de la vérité se rangent devant elle ; ils aimeront mieux mourir que de brûler un grain d'encens aux idoles. Décidément la paix, la douce paix hellénique a pris fin. Décidément le Prince de la Paix apporte, non la paix, mais l'épée.

L'épée de la foi au vrai, l'épée de la conscience. La conscience est un rude maître, rude et gênant. Il est gênant de croire. Il est gênant d'être serviteur du vrai. Ces convictions individuelles qui jaillissent du sol affranchi, ces églises qui se fondent et dont la foi personnelle est le seul recruteur, cette soudaine apparition de l'individu, tout cela constitue au sein du vieux monde un changement tel, que j'ai eu le droit de l'appeler : une révolution.

Et l'on n'a pas craint de nous dire que l'Évangile était identique aux religions païennes! Et l'on nous a parlé sans rire de la religion unique des Védas !

X

LA VÉRITÉ CHRÉTIENNE DÉMONTRÉE
A LA CONSCIENCE PAR SES FRUITS

« Vous les connaîtrez à leurs fruits [1] ».

Il faudrait fermer volontairement les yeux pour ne point voir les fruits de l'Évangile.

Je ne parle pas des fruits de conversion et de transformation chez telle ou telle âme ; ils peuvent parfois se contester, bien qu'ils soient pour ma conscience aussi évidents que la lumière du jour. J'ai vu des égoïstes devenir

---

[1]. Évangile selon saint Luc, VI, 44.

charitables, des vicieux entrer en lutte contre leur péché, des violents se revêtir de douceur.

Ma conscience ne me permet en aucune façon de comparer ces changements-là, profonds, radicaux, miracles permanents de l'Évangile, aux réformes superficielles qu'accomplit l'homme désireux de se conduire banalement bien.

Je ne méprise nullement la philanthropie; je suis loin de nier les beaux exemples de dévouement et de vertu qui souvent ont été donnés en dehors de la foi. Il y a eu, je le sais, en dehors de la foi, des généreux, des redresseurs de torts, des chevaliers auxquels personne plus que moi ne rend justice.

Mais je soutiens que ces exemples, rares en dehors de la foi, sont très-nombreux en dedans; je soutiens que le don de soi prend un tout autre caractère chez les chrétiens, et que là seulement il va jusqu'à la consécration, jusqu'à l'humilité, jusqu'à l'acceptation confiante de la volonté de Dieu, jusqu'à l'amour ; je soutiens, passez-moi cette audace, que les philanthropes ne sont ce qu'ils sont, que parce qu'il y a un Évangile.

D'où vient que la philanthropie moderne diffère absolument de la philanthropie antique? de ce que les philanthropes modernes peuvent bien rejeter l'Évangile, mais qu'ils en vivent.

Le monde païen ne possédait, que je sache, ni la charité, ni l'humilité, ni la liberté, ni la chevalerie.

Prenons la liberté.

L'histoire vous dira où elle était avant l'Évangile ; où elle en serait sans l'Évangile. Par lui, les indépendances se sont créées ; par lui, l'individu a paru.

L'antiquité est là avec sa traite, avec son esclavage, base de tout, avec ses harems ou ses gynécées, avec son absolutisme asiatique, avec ses franchises grecques et romaines appuyées sur un fondement d'inénarrable servitude, avec ses négations de la conscience et de la vérité en matière de foi.

Mettez vis-à-vis le monde moderne, tel que nous le connaissons.

Qu'en pensez-vous? Qu'en pensent les despotes? Si vous les interrogiez, ils vous répondraient qu'aucune tyrannie ne tient nulle part, dès qu'apparaît, dès que travaille ce terrible levain de la croyance personnelle au Sauveur.

Prenez l'égalité. Encore un fruit de l'Évangile !

. L'égalité n'est devenue possible que sur les ruines de l'esclavage, du servage et des priviléges.

De même qu'il n'y a pas de liberté sans des cœurs libres, il n'y a pas d'égalité sans des cœurs fraternels. Pour résister à quelque chose, il faut croire à quelque chose. Et il faut croire à quelqu'un aussi : à l'amour de Celui qui nous a retirés de l'abîme de perdition, pour aimer à notre tour, cordialement, tous ceux qui ont été aimés comme nous [1].

La doctrine qui, l'un après l'autre, résout les plus difficiles problèmes sociaux, ne saurait être la première doctrine venue. Notre conscience nous le dit.

Notre conscience a remarqué le grand arbrisseau sorti de la petite graine. Elle voit la foule des oiseaux qui ont fait leurs nids sous ses branches. Tous les progrès se sont abrités là [2].

Notre conscience met face à face les civilisations produites par d'autres religions et la civilisation produite par l'Évangile. Elle voit ce que, sous l'action de l'Évangile, est devenue la femme, ce qu'est devenue la famille, ce

---

1. Voir note *a*, à la fin du volume.
2. Évangile selon saint Matthieu, XIII, 32.

qu'est devenu l'esclave, ce que sont devenus le paysan et l'ouvrier.

Notre conscience est frappée de ce fait, que les pays où l'on tient le pur Évangile en honneur sont ceux, justement, qui ont donné l'impulsion. Les libertés politiques sortent de là; les affranchissements d'esclaves sortent de là; les crises qui ont enfanté le monde moderne sont nées de là.

En doutez-vous?

Demandez-vous alors dans quel abîme vous précipiteriez l'humanité, si, d'un mot, vous pouviez lui arracher l'Évangile avec les conséquences de l'Évangile.

Ce mot, personne n'oserait le prononcer. . J'en défierais les ennemis les plus déclarés de la foi chrétienne. Abolir en un instant les lumières, l'idéal, les tendresses, la dignité des femmes, l'indépendance des affranchis; abolir tout ce qui constitue la grandeur de l'âme, de l'intelligence, de la famille, du pays; abolir les idées sur lesquelles nous vivons tous, les idées des chrétiens et les idées des incrédules : il n'y a pas un fanatique de la Grèce qui n'en reculât d'horreur.

Cela fait réfléchir la conscience.

XI

FRUITS DE L'ÉVANGILE POUR LE GRAND NOMBRE

Je parlais de l'égalité.

Un des fruits de l'Évangile, que suffit à constater le simple regard du sens moral, c'est cette émotion sociale, immense, en vertu de laquelle on s'est mis à s'occuper des misères, des intérêts et des droits du grand nombre. La religion qui nous annonce le Fils de Dieu souffrant pour tous, pouvait seule donner à tous un rang égal, et fonder un véritable idéal, partage de tous.

Avant Jésus-Christ, le grand nombre est écrasé. Considérez les femmes, les esclaves, les dénués de ce temps-là, et mettez en regard la position des citoyens auxquels le monde antique reconnaît des droits !

La philosophie elle-même se montre aussi aristocratique, aussi dédaigneuse de la plèbe, que les mœurs et que la législation. Les plus avancés en matière de sagesse révéleront aux seuls initiés le mystère de leurs pensées. La vérité n'est pas faite pour le grand nombre.

Mais vient celui qui a dit : « Je te loue, ô Père, de ce que tu as caché ces choses aux sages, et de ce que tu les as révélées aux petits enfants [1] ! »

Par lui, pas avant, le grand nombre prend sa place au soleil. La vérité appartient au peuple, car elle est exprimée, en termes populaires, dans le plus populaire des livres. La

---

[1]. Évangile selon saint Luc, X, 21.

vérité appartient au peuple, car la prédication — l'instruction la plus populaire après la Bible — se met à l'œuvre désormais.

L'Évangile est annoncé aux pauvres.

Aux pauvres, et à ceux qui deviennent tels par l'humilité, l'Évangile apporte des forces, des consolations, des richesses, un avenir; il leur donne un père, il leur donne des frères.

L'Évangile rappelle aux riches leur responsabilité d'administrateurs. Par l'Évangile, depuis l'Évangile, on s'occupe des chétifs et des abandonnés. Le soin des indigents et des malades date de l'Évangile. Les grands embrasements, les œuvres admirables de la charité datent de l'Évangile. Si les questions ouvrières se posent aujourd'hui, c'est par l'Évangile. L'Évangile qui les a soulevées y répondra. Lui seul produira l'élan nécessaire à la solution de cet énorme problème social. Il n'est pas plus difficile à résoudre, en définitive, que celui du servage ou de l'esclavage. Il se résoudra sous l'action de la même influence, ou il ne se résoudra pas.

XII

LES FRUITS DIMINUENT A MESURE QUE
L'ÉVANGILE S'OBSCURCIT

Un autre fait se présente à la conscience, qui ne lui permet pas d'hésiter : non-seulement ces fruits magnifiques n'existent point avant l'Évangile, mais ils disparaissent presque entièrement après, dès que l'Évangile se voile ou se corrompt.

De quelque côté que nous tournions les yeux, à quelque moment que nous nous reportions, la divinité du christianisme éclate en ceci, qu'à l'instant où il s'altère, il cesse de produire la liberté, l'égalité, la charité, la tendresse, la vérité.

Le byzantinisme et ses froides annales, le romanisme et son moyen âge, le protestantisme et ses orthodoxies figées, nous font, les uns comme les autres, voir les mêmes décrépitudes. C'est la mort, en dépit du principe vital qui a été enseveli sous les pratiques, sous les formules, sous les paganismes renouvelés.

>Plus livide et plus froid, dans son cercueil immense,
>Pour la seconde fois, Lazare est étendu.

Il faut que le sang revienne, que la chaleur renaisse, que les bandelettes soient coupées.

Vous savez comment le miracle s'est accompli. Vous savez avec quelle vigueur les fruits ont reparu, dès que s'est opéré le retour au pur Évangile, à l'Église distincte du monde et séparée de l'État.

XIII

LES CONFLITS DE LA CONSCIENCE ET DU FAUX CHRISTIANISME

Mais voici le plus grand obstacle, peut-être, — on ne l'a pas assez dit — que ma conscience, en quête de la vérité religieuse, ait rencontré sur son chemin : elle a rencontré le christianisme odieux.

Rien de si délicat que la conscience. La conscience, qui est droite, se révolte quand, au nom de la foi, on lui commande d'admirer ce qui n'est pas admirable du tout.

La religion sans conscience blesse la conscience.

Nous pensons souvent faire un chef-d'œuvre, nous protestants, lorsque nous taisons, pallions, excusons, glorifions au besoin les torts de la Réforme. Nous ne faisons que mettre la conscience en garde contre l'Évangile.

Si vous m'invitez plus ou moins à prendre parti pour Henri VIII dans l'affaire du divorce; si vous me cachez le côté grossier qui dépare le beau caractère de Luther; si vous passez en hâte sur la permission accordée au Landgrave; si vous entourez le bûcher de Servet de toutes les explications que peut fournir l'époque; si vous créez un Cromwell idéal; si les brutalités de Knox et les duretés de Calvin disparaissent; si ces hommes dont j'admire le dévouement chrétien sont transformés en saints accomplis; s'il vous paraît tout simple qu'on mette la religion aux voix et qu'on force les minorités à se conformer aux croyances votées; si vous ne condamnez pas énergiquement les persécutions protestantes et la longue tyrannie qui a pesé sur l'Irlande ; si vous me laissez supposer que les mesures violentes rencontrent votre indulgence, pourvu qu'elles s'exercent en faveur de votre christianisme ; alors je me sens indigné, et ce christianisme, absolument opposé à la conscience, trouve mon cœur barricadé contre lui.

La conscience a besoin de voir des protestants très-sévères envers le protestantisme, des protestants qui ne lui passent pas une faute, des protestants révoltés lorsque les questions de foi, par exemple, se métamorphosent en partage des dépouilles de l'Église romaine ou en calcul de pouvoir.

La conscience a besoin de nous voir très-fermes — très-rigoureux si vous voulez — vis-à-vis des réformes décrétées par les princes, vis-à-vis des nationalismes protestants, vis-à-vis des intolérances protestantes. « Faire le mal pour qu'il en arrive du bien[1] », est une

---
1. Romains, III, 8.

maxime qu'il ne faut pas plus appliquer rétrospectivement à l'histoire, que pratiquer actuellement dans la vie.

Il y a eu, il y a des faits dans notre protestantisme, que nous ne devons laisser à personne le soin de flétrir : un formalisme allié avec le plus triste état moral, un XVIIe siècle engourdi dans son orthodoxie morte, un synode de Dordrecht publiant des doctrines qui, grâce à Dieu, ne sont pas celles de la Révélation.

Il y a eu, sans sortir du XVIe siècle, des réformes incomplètes, consacrant le plus possible de vieilles erreurs ; et à côté de cela une proclamation du salut par grâce, un *servum arbitrium*, qui effacent outre mesure et l'obéissance et la responsabilité de l'individu.

Il y a eu, nous ne le savons que trop, de honteux rationalismes : un christianisme qui n'avait plus rien de chrétien, un rejet de la fausse autorité qui ne respectait pas toujours la vraie, un protestantisme enfin qui n'était plus la foi au Sauveur et à la Bible, mais la foi de l'homme en l'homme et en sa souveraine raison.

Violences, compromis, excès de la doctrine, rejet de toute doctrine; malheur à nous si le nom de protestant couvre tout cela, car alors l'Évangile vient se heurter contre les indignations passionnées de la conscience.

Savez-vous quels sont les livres impies? Ce sont les livres habiles; ceux qui font à la religion de vérité l'injure de ne pas distinguer entre elle et les aberrations de ses serviteurs.

Savez-vous quels sont les livres vraiment pieux? Ce sont les livres de la piété loyale, ceux qui ne dissimulent rien.

Ne dérobons aucun de nos péchés. Parlons sincèrement à nous-mêmes et à nos amis. Apportons beaucoup de conscience dans notre histoire, dans notre apologétique, dans nos discussions. Ne craignez rien, nous serons infiniment plus forts, car nous aurons cessé de séparer ce qui doit demeurer indissolublement uni : la conscience et la foi.

D'ailleurs, nous avons assez de bien à dire de ce grand mouvement de la Réforme, de ces hommes croyants et courageux, de ces doctrines de grâce qui ont réveillé le sens moral, de cette prodigieuse secousse qui a renversé les traditions humaines, de ce travail intègre qui a restauré l'autorité des Écritures, de cette résurrection de la conscience chrétienne qui a régénéré le monde, pour conserver le droit de porter le front haut.

Le catholicisme rencontre devant lui les mêmes devoirs que nous.

Je vois des catholiques, dont je respecte le caractère et les intentions, se disposer aujourd'hui à mettre le *Syllabus* en accord avec la liberté [1].

1. L'Auteur écrivait ceci en 1869.

Pie IX, qui a vaillamment écrit le *Syllabus*, qui, en plein XIXᵉ siècle, n'a pas craint d'anathématiser toutes les idées modernes, qui a solennellement déclaré qu'elles étaient en complète opposition avec l'enseignement de l'Église romaine dans tous les siècles, Pie IX m'inspire une réelle estime ; je sens en lui : une conscience.

Quant à ceux qui se chargent d'interpréter les déclarations du *Syllabus* dans un sens libéral, nous n'avons qu'une excuse à présenter en leur faveur ; ils ne peuvent — espérons-le — prendre leur parti de voir aux prises deux intérêts qui leur sont également chers : leur croyance religieuse et leur foi politique. Plaignons-les, mais, tout en les plaignant, détestons l'œuvre à laquelle ils sacrifient le sentiment moral : elle produit un mal incalculable, elle donne lieu de croire que la religion ne se défend qu'au prix de la loyauté.

Les partisans du *Syllabus* tel quel, mettent

la conscience humaine à une autre épreuve : elle est sommée de croire que l'Évangile a institué le pouvoir temporel, que le moyen âge est une époque de bénédiction, que le christianisme enseigne à brûler les bibles, à brûler les gens, à organiser les tortures de l'Inquisition, à courber la tête sous un vaste despotisme clérical, à soutenir tous les despotismes politiques, à éteindre successivement toutes les lumières, à jeter l'anathème sur toutes les libertés.

Lorsqu'on considère ces réactions terribles qui se nomment la Renaissance et le xviii° siècle, lorsqu'on assiste à la réaction impie dont nous sommes témoins à l'heure qu'il est, il ne faut pas oublier la part de la conscience — je ne crains pas d'employer ce mot, la conscience — dans de tels ébranlements.

La Renaissance voyait devant elle le christianisme sous la forme d'un clergé dominateur, d'une papauté de Grégoire VII, d'Innocent III, d'Alexandre VI, d'un Évangile traîné en lambeaux dans les conciles généraux de Constance et de Bâle, d'un long règne de la scolastique, d'une nuit profonde où l'Europe avait souffert des maux inouïs, où la liberté des consciences avait été traitée comme nous savons.

Le XVIII° siècle venait de voir le christianisme sous la forme des ministres de Louis XIV, de la dragonnade, de la révocation, de la destruction de Port-Royal ; le tout aboutissant aux abbés galants de la régence : après la persécution exaltée par Bossuet, la pourpre jetée sur les épaules de Dubois!

Quand la religion est descendue à certains rôles, on finit par se méfier de toute religion.

Quand le nom de Dieu sert à sanctionner des infamies et des tyrannies, on en arrive — je frémis de le dire — à prendre Dieu en horreur.

A qui la faute, si le peuple devient athée? Posons la question hardiment. La faute, en partie du moins, est à ceux qui ont mis l'Évangile, ou ce qu'on appelle ainsi, aux prises avec la conscience.

En Italie, en Espagne, en France, l'âme humaine a conçu un tel dégoût de ce qu'on lui donnait pour l'Évangile que, chez beaucoup, ce dégoût s'est transformé en une incurable antipathie contre la religion, quelle qu'elle soit.

Et ne croyons pas qu'un tel fait se borne aux contrées catholiques. L'Allemagne, où la Réforme incomplète et formaliste a longtemps régné; l'Allemagne, où le protestantisme s'est déployé plus d'une fois sous la forme du rationalisme, est rongée çà et là par un esprit antichrétien auquel elle échappera, je l'espère, mais seulement parce qu'elle retourne à l'Évangile pur et vivant.

Soyons justes envers les ennemis de notre foi. Tout n'est pas mauvais dans les réactions impies. Il y a là une certaine protestation du sens moral; il y a là, fréquemment, une réclamation de l'humanité et de l'honnêteté.

Qui nous dira ce qui se passe dans la conscience des hommes intègres, alors qu'on leur présente telle erreur ou tel crime comme venant en droite ligne du ciel?

J'ai reçu parfois les confidences des incrédules, et j'ai découvert que, s'ils rejetaient le véritable Évangile, c'était pour avoir trop souvent rencontré le faux sur leur chemin.

Les plus consciencieux se montraient les plus hostiles. A leur entendre raconter quelles doctrines s'étaient données pour évangéliques, quels actes soi-disant pieux les avaient révoltés, on éprouvait un double sentiment : de compassion pour eux, de remords comme chrétien.

Ces consciencieux, blessés dans leur sens moral, je ne vais point jusqu'à les justifier. L'Évangile n'était pas loin ; plus consciencieux, ils l'auraient trouvé. Le Saint-Esprit n'était pas loin; plus consciencieux, ils l'auraient écouté. Le péché était là; plus consciencieux, ils l'auraient compris.

Cependant, notre responsabilité demeure.

Quiconque, en faussant l'Évangile, place quelque pierre d'achoppement devant les pas d'un frère, est coupable de sa chute et de son sang.

Nous ne mettrons jamais assez de conscience dans notre foi.

XIV

LE PUR ÉVANGILE N'A PAS DE CONFLITS AVEC LA CONSCIENCE

Disons-le hautement : les consciences ont été froissées à l'endroit de la religion.

Un puissant effort de sincérité, une énergique réaction de conscience dans les questions de foi, il nous faut cela.

Il faut qu'on le sente; nous sommes des hommes de vérité, servant le Dieu de vérité.

Vrais vis-à-vis de nous-mêmes, vrais vis-à-vis des autres, ne fardant rien de ce qui est flétri, n'embellissant rien de ce qui est laid, avouant nos erreurs quand elles existent, n'employant aucun sophisme pour justifier ce qui n'est pas justifiable, conservant dans toute sa dignité cette grande et sainte conviction de l'Évangile qui est notre paix — que nous n'avons jamais eu tant de motifs de serrer sur notre cœur, heureux que nous sommes de posséder sa splendeur dans un temps où les ténèbres se font — nous glorifierons notre profession chrétienne aux yeux du monde entier.

Oui, de la conscience dans ce que nous savons et dans ce que nous ignorons; de la conscience dans le blâme des torts de notre cause, dans l'admiration pour ce qu'elle a eu d'héroïque et de sacré : voilà le mot d'ordre que je voudrais faire retentir partout.

La politique, les réticences, les replâtrages ne sont jamais bons; il est des temps d'ignorance où ils peuvent rencontrer un certain succès; aujourd'hui, en pleine lumière historique, en pleine lumière scientifique, c'est le cas de demander qui on prétendrait tromper!

Otons ce scandale. Rétablissons dans sa magnifique intégrité le véritable Évangile qui n'est pas, lui, en conflit avec la conscience. Nous n'avons point à l'arranger, nous avons à le présenter tel qu'il est; revenant à sa pureté, simplement, hautement, par delà les interprètes, par delà les théologies, par delà les réformateurs.

L'Évangile, religion de vérité, révélation du Dieu de vérité; l'Évangile qui accomplit notre sanctification par la vérité; l'Évangile qui opère notre affranchissement par la vérité; l'Évangile nous place à l'austère école du vrai. Il ne nous enseigne ni les beaux mensonges, ni les erreurs nécessaires, ni les salutaires illusions; il nous transporte dans une région où la vérité seule rayonne : la vérité qui est le moyen, la vérité qui est le but.

Nous, les fils du Dieu de vérité, sentons bien

le privilége de croire à sa vraie Parole. Cette Parole renferme des questions insolubles; elle ne blesse aucune conscience.

Ce n'est pas elle qui froissera la moralité du libéral, ou du philanthrope, ou du philosophe digne d'un tel nom. Dès qu'elle s'implante dans le sol, elle en fait jaillir les progrès; sitôt qu'elle touche le cœur, elle y établit l'intégrité.

Convions tous ceux que révolte à juste titre l'histoire — souvent déplorable — des chrétiens et de leurs complicités avec le mal, invitons-les à considérer quelque chose de meilleur : le christianisme.

XV

JUSQU'OU NOUS A MENÉS CETTE RECHERCHE
PAR LA CONSCIENCE

Notre conscience nous a mis en présence de l'Évangile et de ses fruits.

La Révélation qui les a produits serait-elle une invention de quelques juifs du temps de Tibère ? — Avant, rien ; après, rien ; car on s'en écarte promptement. Votre conscience a répondu.

Une aussi extraordinaire apparition s'expliquerait-elle par l'évolution régulière des idées, par les transformations successives de la religion unique, dans ses métamorphoses sans fin ? — Notre conscience s'indigne au seul énoncé d'une telle hypothèse. Elle se refuse à écouter les gens qui récitent, pour la millième fois, l'oraison funèbre du Christianisme.

L'incrédulité d'aujourd'hui, qui trouve très-absurde l'incrédulité d'hier et dont l'incrédulité de demain se rira à son tour, ne cause à la conscience qu'un faible embarras. Tandis que les systèmes anti-chrétiens de notre siècle se déclarent évidents — en attendant que leurs successeurs les déclarent insensés — notre conscience remarque deux choses :

D'abord, que s'il y a des difficultés à croire, il y a de plus grandes difficultés à ne pas croire.

Ensuite, que cet Évangile si décrié a essuyé de bien autres bourrasques et qu'il en est sorti ; qu'il a survécu à de bien autres coups, qui devaient le laisser pour mort, et qui l'ont laissé vivant.

Voici ce qui achève d'éclairer notre conscience.

L'incrédulité base sa théorie sur la négation même de la conscience.

L'incrédulité a décidé qu'i faut une religion pour le peuple. Elle a décidé que la religion, quoiqu'elle ne soit qu'un mensonge, est un mensonge indispensable, en ce moment du moins. Elle a décidé que le cœur éprouve des besoins auxquels il faut pourvoir, quoi qu'en dise la raison.

Son plan donc est de nous faire des religions nationales, auxquelles il ne manquera que la vérité. Il y aura là des pasteurs dont plusieurs prêcheront contre leur conscience. Il y aura là des foules dont une partie, les sceptiques, participeront au culte contre leur conscience. On se moquera de l'Évangile, et on suivra gravement les prédications de l'Évangile, on y enverra sa femme et ses enfants. Ou bien ce sera tantôt la Révélation, tantôt le Rationalisme que les mêmes temples verront annoncer; une main démolira huit jours après, ce que bâtissait l'autre huit jours avant; l'ambiguïté des termes, souvent un langage pareil viendront épaissir les obscurités; quant aux âmes, elles s'en tireront comme elles pourront.

Où est le Pascal pour écrire des *Provinciales* sur tout ceci?

Et ces Églises officielles, ces Églises menteuses — officiellement menteuses, devrait-on dire — n'existent-elles point? Ne voit-on nulle part ce retour au paganisme, à la religion civique, asservie par l'État, débarrassée de vérité?

Pourquoi cette chose ignoble, le mépris du christianisme, joint à la prédication du christianisme, est-elle trop souvent pratiquée par des hommes loyaux en toute autre occasion? Pourquoi leur échappe-t-il de dire que, si le christianisme est faux, il n'importe, nous ne saurions nous passer de cette erreur-là? — Ah!

c'est qu'ils ne sont pas sûrs de leur incrédulité, c'est que la suppression du christianisme épouvante leur bon sens, c'est que leur conscience, à eux aussi, proteste. Plus d'un a murmuré cette phrase absurde et touchante : Nous vous envions votre foi !

S'ils étaient conséquents, il faudrait traduire ainsi : Nous vous envions votre mensonge ! — Mais ils ne le sont pas, et les plus prévenus hésiteraient devant une si brutale interprétation.

Notre conscience, mise en demeure par les faits, repousse l'incrédulité contemporaine sous toutes ses formes.

Elle reconnaît que l'Évangile ne saurait se confondre avec les autres doctrines, et qu'il occupe un rang particulier.

Notre conscience reconnaît en outre, qu'appelée à se prononcer sur les titres de l'Évangile, elle ne saurait se poser en juge du contenu d'un livre qui s'annonce comme divin. Ou les titres sont faux, ou les titres sont vrais : faux, le livre tout entier s'écroule; vrais, le livre tout entier reste debout. Trier, choisir, rejeter telle déclaration, effacer tel écrit biblique — une fois les preuves de la divinité fournies — notre conscience ne le peut pas.

Elle sait, car l'idée même de révélation implique cela, elle sait qu'une religion révélée doit renfermer des problèmes qui nous étonnent, des mystères qui nous dépassent. Elle sait que le divin ne saurait être évident, car il y a toujours des choses insondables dans la rencontre de l'homme et de Dieu.

Si la foi était la vue, la foi cesserait d'être l'acte moral par excellence. Qui a jamais parlé de la moralité des mathématiques?

Si la foi était la vue, si depuis dix-huit siècles et par une interminable suite de miracles, répétés devant toutes les académies, la foi avait opéré sa démonstration, on croirait en Jésus-Christ comme on croit à une théorie démontrée d'algèbre, comme on croit à une loi démontrée d'astronomie; tout le monde croirait, et il n'y aurait pas un chrétien de plus.

Pour qu'il y ait des chrétiens, Dieu a séparé l'évidence de l'Évangile, et la vue de la foi.

On ne croit pas sans un vigoureux élan moral ; or cet élan ne se produit qu'en vertu d'un besoin de la conscience, d'un sentiment profond du péché, d'une ardente aspiration vers le pardon et vers l'expiation.

Ceci est le point essentiel.

Ici se déploie dans son ampleur l'action de la conscience : ce chercheur et ce conquérant de la vérité.

XVI

LA GRANDE PREUVE FOURNIE PAR LA CONSCIENCE : SENTIMENT DU PÉCHÉ

Le sentiment du péché !

J'en fais le couronnement des travaux de la conscience en quête de vérité ; sans lui, la foi ébauchée ne s'achève pas. J'aurais pu en faire la base de l'édifice ; sans lui, personne n'entame sérieusement, nul ne mène bien loin les poursuites du vrai. Les gens plus ou moins satisfaits d'eux-mêmes s'arrêtent en chemin ; seule, l'âme qui se sent pécheresse et perdue, va droit à Jésus-Christ.

Faire comme tout le monde, se tenir écarté d'une doctrine envahissante qui n'a pas plus tôt mis le pied chez nous, qu'il faudra lui appartenir et lui obéir; se borner à la religion raisonnable, fuir le tête-à-tête avec soi-même et avec Dieu; se soustraire aux luttes qu'impose la foi, se dispenser des rudes labeurs qu'entraîne la sanctification; éviter de devenir petit, de devenir enfant, de devenir ignorant; éviter de se renoncer et de se donner: toute cette série d'oppositions, sans qu'on s'en rende compte — et je n'ai pas nommé les convoitises grossières qui ne veulent point mourir — toute cette hostile armée se range en front de bataille, à travers le chemin qu'il nous faut parcourir pour chercher et pour trouver la vérité.

Nous n'irons jamais loin sur cette route-là, tant qu'un impérieux mobile ne nous pressera point.

Ce mobile, c'est notre conscience, qui nous parle de notre péché.

Le Seigneur a tellement tenu à fonder notre foi sur une assise exclusivement morale, qu'il a évité, on peut le dire, de dévoiler l'Évangile à quiconque n'avait point fait le premier pas.

Il est venu guérir les gens qui se portent mal et qui en gémissent. Il est venu sauver, non les justes, mais les pécheurs dégoûtés du servage. « Si quelqu'un a, il lui sera donné. A celui qui n'a pas, cela même qu'il croit avoir lui sera ôté [1] ». — « Si quelqu'un veut *faire*, il *connaîtra* [2] ».

Ainsi se trouvent placés vis-à-vis du Sauveur ces deux espèces d'hommes : ceux qui ont, ceux qui veulent faire, ceux qui s'attachent au vainqueur du péché, ceux qui cherchant avec droiture trouveront, parce que leur conscience de misérables et de perdus ne les a pas secoués en vain ; et ceux qui n'ont pas,

---

1. Évangile selon saint Matthieu, XIII, 12, 25.
2. Évangile selon saint Jean, VIII, 31, 32.

qui n'éprouvent aucun besoin de faire la volonté de Dieu, qui ne savent pas à quoi servirait un vainqueur du mal, et qui, ne poursuivant rien, n'atteindront rien, parce que leur conscience a crié dans le désert.

En présence de ces deux espèces d'hommes, Jésus-Christ emploie les paraboles. Pourquoi ? « Aux auditeurs du dehors toutes choses se traitent en paraboles, *de peur* qu'ils ne se convertissent[1] ! » tant serait grand le malheur d'une conversion par la connaissance sans la la conscience, d'un changement que le sens moral n'aurait point provoqué ! Les paraboles ne sont expliquées qu'aux âmes écrasées sous le faix, qui aspirent à la délivrance, qui ont faim de vérité, qui ont soif de sanctification ; aux âmes pour lesquelles Jésus est réellement « l'agneau de Dieu ôtant le péché du monde[2] ».

---

1. Évangile selon saint Jean, XII, 40.
2. Évangile selon saint Jean, I, 29.

Sentiment du péché, horreur du péché, ne cherchez pas d'autre porte pour entrer dans la foi.

Or notre conscience l'ouvre à deux battants.

Je ne m'arrêterai pas à prouver le péché.

Une de mes incessantes surprises, c'est que tant de gens réussissent à ne le point découvrir chez eux :

— Nous sommes imparfaits, mais nous ne nous sommes pas faits! dès lors, pourquoi me sentirais-je responsable? N'ai-je point mes vertus? Suis-je inférieur aux autres? Mes erreurs, mes entraînements, s'ils existent, ne sont-ils point le partage du genre humain? Y a-t-il là de quoi s'alarmer?

En vérité, quand on entend un pareil langage — et on l'entend — on se demande si les païens n'avaient pas un sentiment plus moral et plus vrai, eux qui par leurs sacrifices, eux qui par leurs théories de métempsychose, manifestaient le besoin d'un pardon et d'une transformation.

Mais la conscience a parlé.

Je défie quiconque l'écoute et s'examine de ne pas aboutir, je ne dis point au dogme de la chute, je dis à la conviction du péché individuel.

Nierez-vous l'égoïsme ? Nierez-vous les actes odieusement personnels que volontairement, librement et mille fois pour une vous avez commis ?

Ne voyez dans ce que j'avance ni mysticisme ni exagération. Ceci est un cri de conscience. Seulement, gardons-nous de l'oublier, ce cri de conscience, on peut y fermer ses oreilles.

Que le Saint-Esprit nous donne de l'entendre. La conviction du péché vient de lui.

Le rapport est si étroit entre la conscience et l'Évangile, que le sentiment du péché ne mène à rien de bon, dès qu'il se sépare du travail consciencieux.

A défaut de travail, qu'est-ce que le sentiment du péché ? c'est l'âme acceptant sa propre dégradation et n'aspirant à rien de meilleur ; ou bien, fait non moins avilissant, c'est l'âme désirant le pardon à titre de bonheur, mais n'aspirant pas au relèvement moral.

Des hommes qui se savent corrompus, qui le reconnaissent, qui le proclament, qui en font état, et qu'aucun repentir n'atteint; des hommes qui consentent à professer, à pratiquer, pourvu qu'on leur garantisse le ciel, cela se voit tous les jours. Mais le ciel n'y gagne rien, ni les pécheurs non plus; car la conscience n'a point agi.

Qu'au contraire le sentiment du péché rencontre la conscience, que, sous l'action du Saint-Esprit, la conscience nous convainque de péché — de notre péché, à nous — et le voile qui couvrait la vérité religieuse se déchire par le milieu, en dépit des difficultés non résolues et des mystères insondés.

Voyez cette femme pécherésse qui arrose de ses larmes les pieds du Sauveur et qui les essuie avec ses cheveux. Pensez-vous qu'elle hésite ou qu'elle doute ? Non ; son péché l'a torturée, et les tortures de son péché l'ont jetée croyante devant le Sauveur.

« Celui à qui on pardonne moins, aime moins [1] ».

Celui à qui on ne pardonne pas, n'aime pas.

Celui qui ne sent pas son péché, ne peut saisir Jésus. Cela est impossible. Or les impossibilités morales sont les plus fortes de toutes.

Mais l'âme écrasée par son péché, l'âme qui a trouvé le pardon, cette âme reçoit et comprend l'Évangile, je vous l'affirme ici.

---

1. Luc, VII

Ce qu'est pour le prisonnier l'ouverture de la prison, ce qu'est pour l'aveugle l'ouverture de ses yeux, ce qu'est pour le lépreux la netteté, ce qu'est pour le malade la guérison, ce qu'est pour l'homme qui se noie le secours; l'Évangile est tout cela, donne tout cela, car il nous annonce le salut, car il nous met sur le chemin d'en haut, car il nous appelle au bonheur par la délivrance du mal.

Ces choses que révèle l'Évangile, nous ne les acceptons pas parce qu'elles répondent à nos besoins; nous les recevons parce qu'elles sont la vérité même de Dieu, parce qu'elles en portent le sceau, parce qu'aucune science ne les reconnaîtra, parce que l'examen consciencieux du péché les reconnaît toujours.

Sans la conscience qui dénonce le péché, impossible de croire.

Avec la conscience qui dénonce le péché, impossible de ne pas croire.

Il fallait que la preuve par excellence de l'Évangile fût une preuve de conscience. Par cela seul elle est universelle, car la conscience existe chez tous. Par cela seul elle est populaire, car la conscience, au rebours des sciences, demeure à la portée de tous.

C'est ainsi que la conscience, procédant à la recherche de la vérité, prononce elle-même le mot décisif; c'est ainsi qu'elle nous prend, et que, de ses fortes mains, elle nous met face à face avec la vérité.

SECONDE PARTIE

LA CONSCIENCE ET L'ÉVANGILE

POSSESSION DE LA VÉRITÉ RELIGIEUSE

I

LA BIBLE

Dévoiler le vrai, nous ramener au vrai, voilà l'œuvre admirable — et interminable — que Dieu impose à la conscience.

Mais prenons-y garde; une tentation nous guette sur ce terrain biblique où nous allons mettre le pied : la tentation de nous montrer peu consciencieux, soit avec la science, soit avec nous-mêmes.

Aucune vérité n'est contre la vérité ! La vérité scientifique peut bien contredire la vérité biblique; toutes deux se trouveront d'accord au bout du compte. En attendant, la science trop souvent nous traite comme des ennemis, nous le lui rendons bien, et nous avons, pour n'être pas consciencieux envers elle, deux façons d'agir que nous employons tour à tour : fermer les yeux et fermer les oreilles ! déclarer faux tous les faits scientifiques, qui nous semblent renverser la Révélation !

Le serviteur de la vérité repousse absolument de tels moyens.

Dès l'instant où nous abritons notre foi derrière notre ignorance, nous cessons de croire en réalité.

Ce n'est pas croire, que refuser de voir ce qu'on a devant soi. La vraie foi aime les lumières ; elle ne croit, ni sur la parole d'autrui, ni par habitude, ni par hérédité ; elle croit, parce que, avec tout son être, conscience, cœur et raison, l'homme a reconnu le doigt divin dans la révélation divine.

Point de lâchetés, je l'ai déjà dit, point de tours de force.

Soyons vrais avec la vérité. Ne donnons pas lieu aux adversaires de se débarrasser d'une foi que n'accompagnerait pas la bonne foi.

Nier ce qui est! dans quel but? Quel inconvénient y a-t-il à reconnaître les difficultés que présente l'Écriture? De quel droit prétendre, par exemple, que tous les problèmes chronologiques sont résolus?

Il y a eu jadis une crédulité soi-disant pieuse qui, au nom de la Bible, contestait la rotation de la terre; tâchons qu'il n'y ait pas, au nom de la Bible, une crédulité pieuse qui s'obstine à renverser l'évidence.

Les faits sont des faits. L'intégrité vis-à-vis des faits est la seule attitude qui convienne aux chrétiens. Ils ne sauraient ni demander aux savants de mal observer, ni se proposer de ne pas admettre ce que les recherches des savants ont acquis. Mais les chrétiens peuvent dire ceci — et le dire en bonne conscience — c'est, d'une part, qu'il arrive à la science de se tromper et que ses théories sont sujettes à révision ; c'est, d'autre part, que l'accord entre les observations de la science et les affirmations de la Bible finira par s'établir.

De la science mal faite, de la Bible mal interprétée, cela s'est vu. Ce qu'on ne doit pas voir, c'est une foi religieuse qui, pour se mettre à l'abri de quelque contradiction passagère, donne une entorse à la loyauté [1].

Croyant consciencieusement à l'Écriture — et en vertu de raisons irréfutables — admettant consciencieusement les faits quels qu'ils soient, nous possédons une sécurité dont ne jouiront jamais ceux qui se font aveugles et sourds, ceux qui recourent aux faux-fuyants, et qui ne s'empêchent pas de penser à ce qu'ils veulent oublier, de savoir ce qu'ils veulent

---

1. Voir note *b* à la fin du volume.

ignorer, de s'inquiéter de ce qu'ils veulent anéantir.

On ne supprime aucune vérité ; la conscience l'interdit. Sa manière de rassurer, c'est de nous affirmer que Dieu est le Dieu de vérité, que pas une vérité ne peut s'élever contre une autre vérité, et que, lorsque nous connaîtrons tout, nous concilierons tout : pas avant.

Je ne sais ni plus triste ni plus absurde métier que celui du croyant sans conscience. Il ne parvient pas un seul instant à s'abuser. Tout au plus rappelle-t-il ces poltrons qui, voyageant de nuit, chantent à tue-tête pour s'enhardir.

Quand on nous montre que les citations de l'Ancien Testament par le Nouveau ne sont pas littérales, quand on nous montre que les analyses des discours et les récits n'ont pas l'exactitude d'une sténographie ou d'une chronologie, j'aime bien mieux profiter de cet avis pour comprendre de quelle façon Dieu cite et complète sa Parole, que de mettre ma conscience au supplice pour faire coïncider consciencieusement ce qui ne coïncide pas.

Les adversaires des Écritures s'en prennent volontiers à l'Ancien Testament.—Quel chrétien consciencieux n'avouera point que certains passages le troublent !

Lorsqu'on a fait cet aveu, lorsqu'on a confessé qu'on ne peut ni tout expliquer ni tout comprendre, alors et seulement alors, on est à l'aise pour proclamer la grandeur, la beauté, la sainteté incomparables de ce livre divin, qui nous donne ce qu'aucun autre livre ne nous donnera : le lait des forts.

A ses calomniateurs, il répond par des faits. Les peuples de la Bible, les générations élevées avec la Bible, les jeunes filles nourries de la Bible sont là pour montrer si ce livre corrompt ou s'il purifie, s'il enseigne la cruauté ou la charité, s'il réveille ou s'il endort les consciences [1] !

L'Écriture entière, Ancien et Nouveau Testament, est la grande initiatrice des individus et des peuples.

Mais, pour qu'elle le soit vraiment envers nous, il y a une condition, toujours la même : l'étudier en conscience.

1. Voir note *c* à la fin du volume.

II

OU VA NOUS MENER LA CONSCIENCE

La conscience nous a conduits à la découverte des Écritures. Elle va nous mener à leur possession.

Avec elle nous avons trouvé la vérité ; avec elle nous allons comprendre la vérité, nous approprier la vérité, saisir les bénédictions que la vérité contient.

Plus nous avancerons dans notre examen, mieux nous sentirons, je l'espère, tout ce que renferme de grâces, de lumière, de force et de liberté ce petit mot : la conscience.

Il en est d'elle comme de ces vieux bons livres qu'on a dans sa bibliothèque. On sait leur titre, on a choisi leur reliure, on les fait voir à ses amis, on les prête, on les recommande; seulement, on a oublié de les ouvrir.

Ouvrons, lisons ligne après ligne, nous rencontrerons des trésors.

La conscience, je le répète, nous fait pénétrer dans l'intérieur même de la foi et de la vie chrétienne.

Elle ne ressemble point à ces guides qui nous accompagnent jusqu'à la porte d'un palais ou d'un musée, mais qui n'entrent pas avec nous. Elle entre, elle nous introduit partout.

Notre étude prend donc un caractère nouveau.

A la recherche accidentée et souvent orageuse du vrai succède le travail intérieur, l'âme repliée sur elle-même.

Nous retrouverons les tempêtes, plus tard, lorsqu'il s'agira des devoirs.

La démonstration du dehors n'est rien, comparée à celle du dedans. C'est quand on a reçu l'Évangile, qu'au milieu de la pratique et du travail de la sanctification, dans les relations filiales avec Dieu, dans la méditation confiante de sa Parole, se dévoilent l'une après l'autre, et toujours plus lumineuses, des raisons de croire qu'extérieurement à l'Évangile on ne soupçonnait pas.

Je voudrais pouvoir décrire ce qu'est une lecture consciencieuse de la Bible ! La Bible parle pour nous ; c'est nous qu'elle avertit ; c'est nous qu'elle condamne ; c'est nous qu'elle pardonne et qu'elle relève. Consciencieux, nous entrons en réelle communication avec notre Père céleste et avec notre Sauveur ; c'est vraiment la Parole de Dieu que nous entendons.

Entendre la Parole de Dieu !

Nous nous disons souvent : Si le ciel s'ouvrait ; si je voyais !

Hé bien, il s'ouvre, et nous pouvons voir.

La Bible, lue avec une bonne conscience, prend une telle réalité, que nous pouvons nous écrier comme Étienne : « Je vois les cieux ouverts, et Jésus-Christ assis à la droite de Dieu [1] ! »

Consciencieusement lue, la Parole de Dieu « habite en nous [2]. » Ce n'est plus ce livre extérieur, cette Bible qu'on parcourt au point de vue de la curiosité, de l'instruction, de l'habitude, au point de vue des autres. C'est de nous, c'est de moi qu'il s'agit; c'est mon nom qui a été prononcé.

Je parlais naguères de palais. Il en est qu'il faut voir en dedans.

Les palais orientaux ne présentent que des murailles mornes et nues à qui les côtoie; à peine en avez-vous franchi le seuil, les jardins parfumés, les fontaines jaillissantes,

---

1. Actes des Apôtres, VII, 55, 56.
2. Épître aux Corinthiens, III, 16. — Colossiens, III, 16.

les salles aux incomparables arabesques étalent leurs merveilles sous vos pas.

Je ne serai démenti par aucun chrétien si j'affirme que l'acceptation de la foi lui a fourni les grandes preuves de la foi. A dater du moment où nous avons cru, notre conscience nous montre tous les jours mieux et notre indignité personnelle, et le caractère régénérateur de l'amour de Dieu, et l'appropriation vraiment divine de l'Évangile à notre cœur.

La conversion! il ne faut rien moins pour éclairer le palais.

III

CONVERSION

Peut-être ne saisissons-nous pas assez le rôle austère de la conscience en matière de foi.

Nous croyons, et la conscience, qui a dit son mot décisif en nous parlant de notre péché, nous répète ce mot, le même, avec une gravité qui va croissant.

Plus j'avance, mieux je me vois tel que je suis.

Ma conscience, dans sa droiture, m'enlève un à un mes prétextes, mes excuses, mes beaux rêves sur moi-même.

La conviction de péché qui m'amène à la foi, s'approfondit dans la foi.

Notre conscience, en outre, se fait délicate. Immuable comme loi, indéfiniment perfectible dans son appréciation des devoirs, elle accumule des lumières devant nous et nous révèle mieux à chaque instant ce que nous aurions dû être, ce que nous n'avons pas été.

Représentez-vous ce qu'elle apprend au pied de la croix !

Représentez-vous ce qu'elle nous apprend, à nous, par le Saint-Esprit, au pied de ce Calvaire où meurt Jésus !

Mon péché, expliqué là par ma conscience, devient vraiment horrible et vraiment odieux.

L'amour de Dieu, expliqué là par ma conscience, devient quelque chose d'infini : je n'en verrai jamais le bout.

La sanctification, expliquée là, par ma conscience, devant l'agonie et le pardon du Sauveur, revêt une signification à la fois douce et grave qui me remue jusqu'au fond.

Et ainsi je nais de nouveau.

La nouvelle naissance, cette doctrine fondamentale de l'Évangile, a besoin — j'insiste là-dessus—d'être considérée par la conscience. Nous voyons alors qu'il ne s'agit pas d'un coup d'époussoir ; que la foi qui sauve est la foi qui régénère ; qu'en présence de notre absolue corruption, il s'agit, non pas de nous perfectionner, mais de nous transformer.

La conscience est l'interprète rigoureux de la conversion.

Par notre conscience, par elle seule, notre conversion prend son sérieux et trouve sa profondeur.

Il y a plus. Par notre conscience, les énergies nécessaires nous sont apportées. La conscience nous découvre à la fois toute l'ampleur du changement et tous les secours accordés pour l'accomplir. N'ayant rien diminué du péché, elle ne retranche rien à la grâce. C'est bien la grâce, pleine, gratuite, entière; la grâce que donne un père, la grâce que donne un Dieu. Joie de l'amour, joie du salut, tout éclate dans sa splendeur. Et cette joie est notre force, la force qui fait les bons soldats

Nous déplorons les conversions incomplètes; chacun de nous s'est demandé cent et cent fois : Suis-je réellement converti? — Pourquoi cela? Parce que notre conscience n'a pas directement agi sur notre conversion. Nous avons été enveloppés, nous avons été entraînés, peut-être moins encore : nous avons répété des paroles chrétiennes, et, à force de les redire, nous avons fini par nous persuader que nous étions chrétiens !

La conscience nous attend ici, et le service qu'elle nous rend, c'est de nous contraindre à remettre notre conversion au creuset.

IV

ILLUSIONS RELIGIEUSES

Entre cette magnifique réalité qui se nomme l'Evangile, et notre âme, une foule d'illusions parviennent à se glisser.

Tant qu'une poignante conviction de péché ne nous a pas atteints, aussi longtemps que nous n'avons pas mis de la conscience dans notre religion, notre religion est notre illusion, notre vérité est notre mensonge.

L'illusion revêt des formes diverses. Prenons çà et là quelques profils, au courant du crayon.

Je ne m'arrête pas à l'hypocrisie. L'hypocrisie n'est pas une illusion.

Non que l'hypocrite n'arrive parfois à se tromper lui-même après avoir trompé les autres, après avoir essayé de tromper Dieu ; c'est même un des châtiments de l'hypocrisie que de réussir à ce point, et de finir par créer une affreuse sécurité, une effrayante paix ; mais en vérité, le vice est trop criant, la lèpre trop hideuse pour que chacun ne se tienne pas pour averti.

Détournons-nous et passons.

Vient le pharisaïsme.

Le vieux pharisaïsme qui fait de longues prières afin de repousser les courtes, qui les fait au coin des rues pour éviter de les présenter à Dieu dans le secret de la maison ne se voit plus guère aujourd'hui.

Un pharisien moderne ne criera pas :

Laurent, serrez ma haire avec ma discipline !

Ni la discipline ni la haire ne produiraient grand effet.

D'ailleurs le pharisien moderne a sa sincérité ; il est pédant, il est gourmé, il pose devant lui-même et se prend au sérieux. Son illusion plus que son hypocrisie le fait s'habiller de religion, porter sur toute sa personne certain air sacré, avec des cocardes grosses comme le poing. Il parle un jargon pieux, sa bouche s'emplit de versets et de formules ; mais c'est que le langage simple, l'attitude naturelle et la voix ordinaire lui semblent au-dessous de sa dévotion. Ne faut-il pas, que, rien qu'à le voir, on s'écrie : c'est un saint homme[1] !

N'importe, une certaine intégrité ne justifie nullement l'orgueil, et la répulsion inexprimable qu'a inspirée le pharisaïsme de tous les temps, répulsion profondément ressentie par celui qui, doux envers chacun, n'a foudroyé de son courroux que les pharisiens, répulsion

1. Voir la note *d* à la fin du volume.

ratifiée par celui que les pharisiens appelaient :
« mangeur, buveur, ami des péagers et des
gens de mauvaise vie[1] ! » cette répulsion nous
apprend assez quel arrêt porte la conscience
sur le pharisaïsme et ses fausses vertus.

La conscience n'hésite pas davantage à nous
dire ce que vaut une autre illusion, très-différente : l'illusion de la piété transmise, acceptée sans combats, sans blessures, telle que
nous l'avons trouvée dans notre famille, et en
quelque sorte dans notre berceau. Cette piété-
là, passive, impuissante, cette illusion qui inspire un respect général, notre conscience ne
la respecte point ; elle la déchire ; elle nous
affirme que Dieu, dans sa justice, ne peut avoir
institué un salut qui n'entraîne nul travail ;
elle nous déclare qu'une foi mollement acquise, mollement conservée, qu'on garde au
fond par indifférence pour la foi, n'est pas la

[1]. Évangile selon saint Matthieu, XI, 19.

foi; elle nous dit que ces croyances héréditaires ne sont un vase capable ni de contenir ni de maintenir la généreuse liqueur de l'Évangile : « Personne ne met le vin nouveau dans de vieux vaisseaux, autrement le vin nouveau romprait les vaisseaux et se répandrait, et les vaisseaux seraient perdus [1] ! »

Tout se perd, les vaisseaux comme le vin.

Il faut au vin nouveau des vaisseaux neufs. Il faut à la vie nouvelle le nouveau cœur. Il n'y a point de position privilégiée qui nous dispense de nous convertir, par où j'entends, de nous vaincre et de nous donner.

Religion du curé, religion du pasteur; ces christianismes de seconde main se valent l'un l'autre. Existons-nous encore, lorsque nous démettant de nous-mêmes, nous renonçons à conquérir nos convictions, à diriger notre âme, à gouverner notre vie? Peut-on croire pour nous? Peut-on se régénérer pour nous?

1. Évangile selon saint Matthieu, IX, 17.

La conscience n'abdique pas. La conscience ne se délègue pas.

Le salut par la doctrine, encore une illusion, a rencontré plus de partisans qu'on ne croit.

Notre dix-septième siècle protestant, siècle scolastique et stérile, qui a eu Dordrecht, qui n'a eu ni évangélisation ni missions, ce siècle de *remontrants* et de *contre-remontrants* s'est desséché dans les aridités de l'école.

La conscience, soyez tranquilles, établit l'importance de la doctrine. Aucune erreur ne paraît indifférente à ses yeux. Elle sait, elle proclame le pouvoir et les droits de la vérité: le faux dans l'esprit produit le faux dans les actes, elle ne l'ignore pas. Affaiblissez la divinité du Christ, ou la chute de l'homme, ou l'expiation, ou la grâce, ou la régénération, ou le Saint-Esprit, et vous verrez que les fruits tiennent de près aux doctrines, que les arbres, selon leur espèce, font la conduite et font la vie.

Toutefois, et c'est notre conscience qui nous le déclare, si la doctrine constitue un instrument essentiel du salut, elle n'est pas le salut. Celui-ci s'opère, grâce à Dieu, dans une autre région, dans une région où l'égalité des âmes peut s'établir. Tel homme dont la doctrine reste imparfaite a saisi l'Évangile, écouté le témoignage intérieur du Saint-Esprit, accepté avec amour le pardon qui est en Jésus. Tel autre dont la théologie ne laisse rien à désirer, s'est contenté de célébrer son orthodoxie immaculée. Il n'y a eu chez lui ni l'horreur du péché, ni le besoin de la réconciliation, ni rien en un mot qui ressemble au renouvellement du cœur. Et la conscience nous répète l'arrêt des Écritures : « Si vous ne naissez de nouveau, vous n'entrerez point au royaume des Cieux [1]. »

---

1. Évangile selon saint Jean, III, 3.

Le salut par les pratiques disparaît à son tour devant notre conscience.

Il n'existe guère d'illusion plus fréquente et plus dangereuse.

Je me suis mis en règle ! J'ai rempli mes devoirs religieux ! Certains actes, qui me rassurent pleinement, se sont accomplis pour moi, ou par moi !

Ceci ne concerne pas seulement les catholiques. Il ne manque point de protestants qui se considèrent comme *en règle*, pourvu que dans leur dernière maladie ils aient reçu la visite du pasteur, que celui-ci ait lu trois ou quatre versets des Écritures et prononcé sur eux une prière solennelle.

Or, s'il est un fait qu'atteste notre conscience, c'est l'impossibilité du salut par la foi d'autrui, c'est l'impossibilité d'être sauvé quand on n'est pas changé.

L'acte qui nous sauve doit se passer en nous, non hors de nous.

Une erreur plus subtile, une illusion moins aisée à démasquer vient défier la conscience; je veux parler du salut par le sentiment.

Avoir été ému, s'attendrir au sujet du Sauveur et de l'Évangile, marcher dans les voies mystiques, se fier aux impressions pour tout accomplir, mépriser les questions de dogme, faire fi des questions d'obéissance et de devoir, cela paraît bien beau et bien céleste. Rien, il semble, n'est plus spirituel que de s'élever par dessus tous les débats, tous les problèmes, tous les actes, pour se perdre dans la contemplation et dans l'adoration.

Ne nous abusons pas; notre conscience y tient, elle, à ces misérables questions d'obéissance et de vérité. Si elle s'indigne — nous l'avons vu — contre une mutilation de l'homme qui le réduirait à l'intelligence, elle ne se révolte pas moins contre cette autre mutilation qui le réduirait au cœur. Le Christianisme sentimental n'est plus pour elle le christianisme. Elle maintient, quand elle est consultée, le réel, l'impérieux christianisme, celui qui nous sanctifie par la vérité, celui qui fait de nous des serviteurs de la vérité, celui qui ne nous permet pas d'abandonner une seule vérité, fût-elle déclarée insignifiante ou inopportune.

La conscience ne nous autorise pas mieux à dédaigner le devoir. Elle veut que nous soyons les hommes de tout ce que Dieu veut.

La conscience nous demande si par hasard et sous prétexte de sentiment, nous n'éviterions point de nous convertir et de nous consacrer.

Elle nous ramène à la simple foi qui prend l'individu tout entier, cœur, volonté, raison ; qui se montre en fait d'amour plus ambitieuse qu'aucun mysticisme, mais qui exige des hommes complets, des hommes étrangers aux contemplations béates : des travailleurs, des lutteurs, des libérateurs.

Le salut par les œuvres fait pendant au salut mystique.

Pour nous, protestants, qui possédons l'Évangile et qui nous souvenons des origines de la Réforme : — « le juste vivra de foi [1] » — la tentation devrait être faible. Elle existe cependant, et notre conscience la frappe d'un jet de clarté.

Au-dessus des œuvres, il y a *l'œuvre*, tout comme au-dessus des péchés il y a *le péché*.

Le péché central, la corruption centrale de notre cœur rencontrent l'œuvre centrale, qui détruit cette corruption et ce péché : « *l'œuvre de Dieu*, disait Jésus-Christ à ceux qui lui posaient une question pareille, *l'œuvre de Dieu*, c'est que vous croyez en Celui qu'il a envoyé [2] ! »

Croire, au sens profond du mot ; croire, en vertu du plus grand effort moral que puisse

---

1. Habacuc, II, 4, Romains, I, 19.
2. Evangile selon saint Jean, VI, 29.

faire l'âme humaine ; croire, dans le sentiment de la perdition, en vue du pardon et de la sainteté ; croire en se livrant : voilà *l'œuvre.*

Notre conscience nous dit que lorsque nous prétendons lui substituer les œuvres, quelque aumône, quelque travail extérieur, quelque amélioration partielle ; c'est que nous cherchons, ni plus ni moins, à nous dispenser du changement.

Les hommes de tous les temps, ceci est une vieille histoire, ont toujours trouvé plus facile de donner à Dieu de l'argent, des mortifications, même des mutilations, que de se donner.

Or ce que Dieu nous demande, c'est nous. Il ne demande que cela. Il est vrai qu'en demandant cela, il demande tout.

Sans compter que *l'œuvre* entraîne *les œuvres ;* et que nous le savons bien.

Ceci nous conduit à la dernière des illusions

religieuses : le salut par la foi, considéré comme une dispense de régénération.

Les réformateurs n'ont jamais admis d'erreur semblable. Toutefois, la réaction du xviᵉ siècle contre un salut, fruit des pratiques et des œuvres, a fait sortir de ses proportions le dogme du salut par la grâce et de l'action toute-puissante de Dieu.

Sans remonter jusqu'à la Réforme, d'ailleurs, ne rencontrons-nous point chaque jour des hommes qui, à force de s'écrier : J'ai mon Sauveur! j'ai la paix! — prennent l'habitude de ne plus lutter contre eux-mêmes, tant ils demeurent certains que chaque faute sera couverte par un pardon?

Que parlons-nous des autres! Cette paresse, mêlée d'une secrète duplicité, n'a-t-elle jamais abordé notre cœur? Ne nous pardonnons-nous pas aisément parce que nous savons que Dieu pardonne? Ne jetons-nous point le repentir par-dessus bord, éloignant nos péchés de nous

« autant que l'Orient est éloigné de l'Occident[1] ? » Ne nous arrive-t-il pas, après une chute, d'implorer notre grâce, puis, notre grâce une fois obtenue, de négliger le combat viril, le combat jusqu'au sang ?

Saint Jacques nous rappelle avec énergie la nécessité d'être des *faiseurs* de la Parole, et non des auditeurs seulement : « nous séduisant nous-mêmes par de vains discours[2] ! »

Le pardon gratuit — il ne s'agit nullement de l'amoindrir — nous tire seul de l'abîme. Seul il nous émeut, seul il nous convertit, seul il produit l'obéissance; mais il faut qu'il la produise. Notre conscience n'hésite pas plus ici qu'ailleurs. Notre conscience ne nous permet pas de croire qu'on puisse appartenir à Dieu et garder un cœur bouffi d'orgueil; qu'on puisse appartenir à Dieu et rester colère, ou

---

1. Psaume CIII, 12.
2. Saint Jacques, I, 22.

médisant, ou paresseux, ou avare, ou envieux, ou mondain.

Elle signale une contradiction absolue entre nos déclarations de confiance dans le pardon, et notre refus de réagir contre le mal. Une âme asservie au péché ne saurait trouver place dans le ciel. La nouvelle naissance avec ses rudes ébranlements, la sanctification avec ses batailles sans trêve; tels sont les éléments auxquels nous ramène toujours la conscience éclairée par l'Évangile [1].

« Il y a pardon par devers toi, afin qu'on te craigne [2] ! » — « Je courrai dans le sentier de tes commandements quand tu auras mis mon cœur au large [3] ! » — Voilà en quels termes

---

[1]. Remarquez-le, je dis : éclairée par l'Évangile. En effet, notre conscience est maintenant en possession de l'Évangile, et elle en profite, et elle grandit d'autant. L'action de l'Évangile, l'action du Saint-Esprit demeurent à la base de tout ce que nous avons dit. Mais l'Évangile et le Saint-Esprit nous prennent par l'anse de la conscience; ne l'oublions pas.

[2]. Psaume CXXX, 4.

[3]. Psaume CIX, 32.

l'Écriture établit le rapport de la grâce et des œuvres, nous déclarant indifféremment qu'il n'y a point de condamnation pour ceux qui croient en Jésus-Christ, et que nous serons jugés d'après nos actions.

V

RELATIONS AVEC DIEU

Nos illusions écartées, entrons dans les réalités de la foi. Entrons-y menés par notre conscience que guident la Révélation et l'Esprit. Allons droit au sanctuaire : aux relations avec Dieu.

Je prends la plus simple, la plus élémentaire, la plus haute aussi, celle qui les contient toutes : la prière.

Mettre de la conscience dans nos prières, pensez-vous que la chose aille de soi? ne connaissez-vous pas des prières individuelles qui ne sont que des mots cousus les uns aux autres? ne connaissez-vous pas des prières publiques qui ne sont que des déclamations et des sermons? ne connaissons-nous pas des prières qui sont des lâchetés; oui, des lâchetés! Nous prions pour nous dispenser d'agir; ayant fait le mal, ou ne voulant pas faire le bien, nous nous mettons à genoux et tout est dit.

Qu'en pensera la conscience? Elle a son opinion arrêtée sur les mensonges, sur le formalisme, sur les lâchetés. Une prière qui ne jaillit pas du cœur, une prière qui s'écoute parler, une prière qui demande la transformation sans promettre l'effort, cette prière est un mensonge, est une moquerie, est une lâcheté.

Ah! la prière consciencieuse!

« Comme le cerf brame après les eaux courantes, ainsi mon âme soupire après toi, mon Dieu[1]! » — « Mon âme a soif de Dieu, du

---

1. Psaume XLII, 2.

Dieu fort et vivant [1] ! » — « Éternel, je t'invoque des lieux profonds [2] ! »

Les lieux profonds, c'est bien cela; c'est de là, des profondeurs de l'humilité que partent les vraies prières, les prières loyales, brûlantes, véhémentes, celles qui arrivent.

Mais ne me parlez pas de la fausse humilité, l'orgueil choque moins. Ne me parlez pas des attitudes écrasées, des intonations factices ! Parlez-moi d'une humilité qui ne s'étale ni ne se raconte, qui pénètre le cœur plus qu'elle ne paraît sur les lèvres. Ces prières-là, secrètes, modestes, un des beaux fruits de l'Évangile, une des plus vives forces de la charité, heureux qui les sent s'émouvoir en soi, heureux qui les sent monter près de soi, heureux qui rencontre un de ces chétifs, un de ces débonnaires que leur conscience ramène

---

1. Psaume XLII, 2.
2. Psaume CXXX, 1.

incessamment dans les lieux profonds; d'autant plus puissants qu'ils se sentent plus petits!

Comme notre prière, notre obéissance a besoin de se faire consciencieuse.

Dieu doit être obéi, nous le savons de reste. Tout commandement implique pour nous l'obligation d'obéir, de même que toute vérité implique l'obligation de croire. La conscience, pas plus que l'Évangile, n'établit de catégories entres les ordres, déclarant ceux-ci inviolables, ceux-là indifférents.

Nous, cependant, sitôt qu'une loi nous gêne, nous la faisons fléchir sous prétexte qu'elle n'est pas péremptoire, qu'elle date de loin, qu'il y en a de plus importantes.

Voulez-vous un exemple? prenez le dimanche, prenez les profanations du dimanche; mettez-les vis-à-vis de ce Décalogue dont Jésus a dit : « Je suis venu l'accomplir, non l'abolir[1] ! » interrogez votre conscience, et voyez ce qu'elle répondra.

Tout chrétien répète machinalement ces mots : « Non pas ce que je veux, Père, mais ce que tu veux[2] ! » — Ce qui ne nous empêche nullement de nous révolter quand la volonté de Dieu renverse la nôtre, et de nous écrier avec amertume que nos prières ne trouvent point d'accès là haut.

Se soumettre ! je rencontre ici la suprême victoire de Jésus. Un cœur soumis est un cœur sanctifié.

Encore y faut-il l'intégrité. La conscience n'y met nulle équivoque : « Ne mentez point[3] ! » — Or, se dire soumis quand on ne veut pas l'être, c'est mentir, il n'y a pas d'autre mot. Mieux vaut cent fois crier à Dieu : Père, je désirerais me soumettre, je ne puis;

---

1. Évangile selon saint Mathieu, V, 17.
2. Évangile selon saint Mathieu, XXVI, 39.
3. Colossiens, III, 9.

mon cœur est trop déchiré, trop effrayé.
Aie pitié de moi, secours-moi, épargne-moi!

Dès que la soumission devient réelle cependant, c'est-à-dire sincère, elle enfante cette disposition du cœur, forte et douce, à laquelle rien ne peut se comparer; on la nomme: confiance filiale! « Mon âme s'attend à l'Éternel[1]! »

Existe-t-il dans la langue des hommes un équivalent à ce cri d'obéissance et d'amour? Je m'attends! Je compte, je sais sur qui. Je sais que mon Père ne m'abandonnera pas. Il est le maître de l'univers, et je suis son enfant en Christ.

Alors naissent, par le seul fait de ces relations intimes et loyales, par le fait de la conscience appliquée à la soumission, tantôt cette héroïque foi qui transporte les montagnes, tantôt cette foi simple qui, sans bruit, dans la

---

1. Psaume XXV, 5; Psaume XXVII, 14; Psaume XLII, 6. 12; Psaume XXXIII, 20.

vie de tous les jours, opère des miracles encore plus grands.

Il s'attend consciencieusement à l'Éternel, cet humble chrétien, qui sous le faix de l'heure présente, qui devant les menaces de l'avenir, regarde vers le ciel bleu. Il s'attend à l'Éternel, ce Luther, qui pendant la diète d'Augsbourg et tandis que le faible Mélanchthon, toujours prêt à plier, lui adresse des cris d'alarme, se contente de répondre : « Je voyais passer les nuages, rien ne les soutient, et ils ne tombent pas. Je regardais les étoiles, rien ne les soutient, et elles ne tombent pas. »

Ainsi l'on atteint au trésor incomparable : la paix. Entendons-nous ; paix ne veut pas dire suppression de la souffrance. Il y a des mystères de douleur qui ne trouveront leur solution que là-haut; il y a des visages qui arriveront là-haut trempés de larmes : « D'où viennent ceux-ci? de la grande tribulation. » — On l'a trop oublié.

La paix dont il s'agit n'a rien de commun non plus avec cette tranquillité lâche, acquise au prix des mollesses, des compromis, des habiletés : Cédez-moi cette croyance, je vous abandonnerai cette conviction ! — Ceci n'est plus la paix, ce sont deux incrédulités qui s'allient.

Et nous avons de ces paix-là ! Nous avons la paix qu'on se procure en écartant tout ce qui est pénible, sérieux et véritable ; nous avons la paix qu'on croit obtenir en ne pensant ni au péché ni à la mort ; nous avons la paix qu'on s'imagine fonder en criant beaucoup : «la paix, la paix! » Et il n'y a point de paix !

Notre conscience les flétrit, ces paix ignobles, ces paix menteuses ! Et en même temps qu'elle nous les arrache, elle nous donne la vraie, la paix après la guerre et par la guerre, la paix qui est le fruit des victoires et non le résultat des défaites, la paix qu'octroie le libérateur du péché, la paix qui nous porte haut parce qu'elle vient d'en haut, la paix qui, sans illusions et sans phrases, nous fait vraiment asseoir: nous, nos tendresses, nos pensées, nos espérances, « dans les lieux célestes en Jésus-Christ ![1] »

1. Éphésiens, II, 6.

VI

SANCTIFICATION

Cela ne se fait pas tout seul.

Nous visons au renouvellement absolu : rien de moins. La paix en est le couronnement; or ni couronnement ni couronne ne s'atteignent aisément ici-bas.

La course et la bataille dureront donc toute la vie.

« Si tu veux, tu peux me rendre net[1] ! » —

---

1. Évangile selon saint Matthieu, VIII, 2.

qui n'a senti tressaillir en soi ce cri du pécheur, ce cri du lépreux !

Seulement, tenons-nous y attentif, quand nous avons crié : Rends-moi net ! nous nous croiserions volontiers les bras, insouciants, inactifs, répétant : Il me rendra net.

La conscience n'autorise point ces engourdissements-là. Un chrétien consciencieux attend tout de Jésus, pitié comme guérison ; mais il en attend l'énergie aussi, et il sait la demander ; mais il est possédé d'une ardente passion : la faim et la soif de la justice, de la sainteté, et il sait qu'on ne les acquiert qu'en les conquérant ; mais être délivré du mal, c'est-à-dire débarrassé des étreintes du péché : voilà son éternelle aspiration.

Point de paix séparée de la conquête, point de bonheur séparé de la sainteté.

Le bonheur sur la terre consiste en ceci : être délivré du mal.

Le bonheur dans le ciel consiste en ceci : être délivré du mal.

Des âmes en travail, des hommes en lutte contre eux-mêmes, je ne connais guère de plus noble spectacle à contempler.

Existerait-il sans la conscience ? Nous aurions des projets, des intentions, peut-être quelque essai vite abandonné; rien de sérieux, rien d'effectif.

Mais, dès qu'il paraît, l'infatigable ouvrier; dès qu'il se lève, le fidèle témoin de Dieu; nos efforts prennent valeur. La conscience a les yeux bien ouverts; elle nous tient constamment en éveil : — Ai-je avancé? ai-je reculé? Suis-je encore l'esclave de ma tentation, à moi? Mon péché, à moi, est-il encore mon maître?

Et le combat recommence, et l'on gagne du terrain, et la main vaillamment posée sur la charrue on interdit à ses regards de retourner en arrière, et le mot de l'avenir, le mot de la conscience, le mot du ciel : En avant! vient exciter les énergies et raffermir le cœur.

Ceci s'appelle : l'éducation personnelle.

A l'éducation donnée par nos parents succède l'éducation donnée par notre sens moral. La première a son importance, très-grande. Mais essayez de vous passer de l'autre !

Malheur à qui se croit tout élevé parce qu'il a fini ses études. Quiconque ne s'élève pas soi-même, et cela jusqu'à la fin de sa vie, restera toute sa vie un homme mal élevé.

Elever les hommes, telle est la mission de la conscience chrétienne ; élever les pensées, élever les affections, élever les désirs, viser haut !

Aidée du Saint-Esprit, la conscience opère ces prodiges. Ce qu'on déclare infaisable, elle le fait: Impossible de modifier un caractère ! — voilà ce qu'on dit. Hé bien, j'ai vu, et vous les avez vus comme moi, des caractères modifiés.

J'ai vu des miracles, et je crois.

Le frisson nous saisit, n'est-ce pas ?

Comment remonter un tel courant, le courant de nos convoitises, de notre égoïsme, de notre péché ? Triompher de quelques habitudes, à la bonne heure ! essayer quelques réformes extérieures et superficielles, cela se comprend, mais le fond !

Il y aurait de quoi frémir, en effet, si nous n'avions pas Dieu. Toute force vient de lui. Nous n'entreprendrons notre véritable éducation personnelle que lorsque nous aurons entendu prononcer notre nom par l'éternel amour. Alors, seulement alors, le progrès rencontrera chez nous un point d'appui solide. Nos vaillances tiendront toujours à notre foi.

Pardonnés, adoptés, introduits dans la famille de Jésus, notre âme entière est remuée ; notre cœur est atteint ; nous ne demeurons

« ni stériles ni oisifs dans la connaissance du seigneur[1] ». La loi de croissance spirituelle s'exerce incessamment en nous. Le divin semeur a mis la semence en bonne terre; de jour et de nuit, qu'on veille ou qu'on dorme, la plante grandit; « d'abord la plante, ensuite l'épi, ensuite le grain formé dans l'épi[2] ».

La plante grandit! aujourd'hui c'est le repentir, demain ce sera l'amour, puis les vertus austères, puis les vertus aimables : le support, la joie, la bonne grâce ; ce qui attire à l'Évangile au lieu d'en éloigner, ce qui fait qu'on cherche Jésus au lieu d'en avoir peur.

1. II, saint Pierre, I, 8.
2. Évangile selon saint Marc, IV, 26, 27, 28.

VII

CULTE, PRÉDICATION, ÉGLISE

Il nous faut un culte consciencieux.

Dépourvu de conscience, c'est-à dire de sincérité, notre culte individuel, cette bénédiction du matin qui s'étend sur toute la journée, devient une sorte de condamnation dont nous portons le poids jusqu'au soir. Se tenir intègre devant Dieu, lui parler vrai, l'écouter, lui tout dire, le mal comme le bien; lui demander tout, l'obéissance avec les grâces; mettre les tendresses sous sa protection, amener les pensées à sa lumière; être soi-même enfin, loyal et droit; n'espérez ni paix ni force en dehors de ces conditions imposées par la conscience, et sans lesquelles toute parole adressée à Dieu se transforme en ironie, tout acte de respect en profanation.

Ce qui est vrai du culte particulier est vrai du culte de famille. Réduit à la forme, rien de plus vide, rien de plus lamentable, rien de plus immoralement vain. Mais, si le culte de famille est une vie, si les maîtres et les serviteurs se réunissent autour de la Bible pour rencontrer Dieu, s'ils se mettent à genoux pour lui envoyer une de ces invocations qui jaillissent des profondeurs de l'âme, je ne sais rien de si bon, rien de si beau, et je ne comprends pas qu'une maison chrétienne parvienne à s'en passer.

Toutefois, souvenons-nous en, vingt mots prononcés en conscience, c'est souvent assez. Une heure de méditation sans conscience, c'est toujours trop, car c'est une heure d'hypocrisie.

Quant au culte public, dès que chacun y viendra avec sa conscience, le culte sera transformé. Des auditeurs recueillis, altérés de vérité, intimement humbles, actifs et vigilants ; un prédicateur passionnément, uniquement occupé du service de son maître et du salut des âmes, je n'en demande pas plus.

On a souvent cherché le secret des discours efficaces. Il ne se trouve nulle autre part que dans les consciences : je dis dans *les* consciences, dans celles de l'assistance comme dans celle de l'orateur. Les auditeurs ont plus de part qu'on ne l'imagine au discours qui leur est adressé. Ils créent en quelque sorte l'atmosphère ; ils soutiennent ou découragent ; l'orateur respire tantôt des brises qui le vivifient, tantôt des mollesses qui l'énervent ; il est porté par certaines ardeurs, il est glacé par certaines distractions.

Si le prédicateur, de son côté, ne s'oublie pas lui-même, s'il vise à l'effet, s'il vient là pour s'acquitter d'un devoir hebdomadaire, s'il n'a pas joint à la méditation de son sujet le combat de la prière sur les deux genoux, ses appels, même les plus véhéments, se perdront en l'air. Sitôt qu'il est consciencieux, au contraire, préoccupé de rendre témoignage à ce qu'il sait, à ce qu'il sent, veillant à ce que ses paroles ne dépassent pas sa pensée, fortement appuyé sur la vérité, le cœur en pleine lumière, saisi par l'avenir éternel de ceux qu'il a devant lui, pressé de leur apporter dans ses deux mains son plus précieux trésor; n'ayez pas peur, éloquent ou non, chaque trait portera. Je vous défie de rester inattentif vis-à-vis de cet homme-là; je vous défie de demeurer sur vos gardes; je vous défie de vous maintenir hostile. Un courant s'établit entre les consciences, et ce courant qui s'appelle sincérité, bientôt se nommera sympathie.

Le genre sermon, au reste, se réformera dans la mesure du travail de la conscience.

Les questions banales disparaîtront; les formes usées, où se complaisent toutes les paresses, éclateront déchirées par la séve nouvelle; le discours se fera vivant, actuel, comme nos besoins, comme nos aspirations, comme nos dangers.

Les dangers! il en existe un pour le prédicateur, et la conscience seule réussit à l'en défendre.

Toujours enseigner, toujours apparaître comme l'organe du bien, parler sans cesse de perfection, se présenter en qualité de messager même de l'Éternel, cela est épouvantablement périlleux. Comment ne pas conserver à ses propres yeux quelque chose de supérieur aux autres hommes!

Je m'en ouvre d'autant plus librement que cet écueil du prédicateur est celui de l'orateur. Lorsque, dans nos séances du soir, j'ai traité ce sujet : la conscience; je me sentais grand besoin de veiller sur moi le lendemain, afin d'échapper à la tentation de me croire plus consciencieux qu'un autre.

Savez-vous ce qui m'a garanti? la conscience, en personne. Elle m'a dit, elle dit à tous ceux qui parlent, que montrer le bien, ce n'est pas pratiquer le bien; qu'annoncer la vérité, ce n'est pas appartenir à la vérité; que définir la sanctification, ce n'est pas être saint; qu'il est trop aisé de s'imaginer qu'on aime beaucoup Dieu parce qu'on a établi qu'il faut l'aimer; que dire et faire, en un mot, sont deux.

Au sortir de la chaire ou de la tribune, elle nous attend, notre rude amie, elle nous adresse des questions brutales : T'es-tu, toi, humilié en fait, autant qu'en phrases? les fardeaux que tu as liés, les toucherais-tu du bout du doigt? l'adoration, la soumission, le renoncement que tu prêches, les rencontres-tu dans ton cœur?—Et quand elle nous a, pesant sur nous, courbés sous sa main; quand elle nous a mis bien bas, nous comprenons que cela est bon pour nos âmes qui en deviennent plus intègres ; bon pour nos discours où la vérité loyale, absolue, prend toujours mieux sa place, où son accent qu'on n'imite pas et qui seul émeut se fait toujours mieux sentir.

La question d'Église ne saurait échapper à notre conscience. Ici, comme ailleurs, le sens moral va droit son chemin au travers des habiletés, des temporisations, et voici la définition qu'il nous donne :

L'Église composée de ceux qui, librement, sincèrement, reconnaissent l'infaillible autorité des Écritures et déclarent appartenir au Sauveur Jésus, cette Église est l'Église de Jésus, cette Église est la colonne de la vérité.

L'Église composée de croyances collectives, de croyances héréditaires, de croyances qui se confirment régulièrement à un certain âge, de croyances de l'État, du pays, de la politique; l'Église qui accueille des indifférences aussi, et des doutes, et des négations, et des incrédulités, cette Église peut bien être une association, elle n'est pas l'Église de Christ.

La conscience impose la vérité des situations. La conscience, lorsqu'il s'agit de convictions, n'admet pas les pêle-mêle. La conscience exige que chacun arbore son drapeau. La conscience veut avoir à faire à l'individu. Et la conscience crie aux États comme aux individus : « La vérité vous rendra libres[1] ! »

Regardez l'Amérique ! La vérité des situations ne lui a pas seulement donné l'indépendance des âmes, elle a, une fois pour toutes, affranchi le pays tout entier, gouvernement et citoyens.

Chaque dimanche, le citoyen va, front levé, où le mènent ses convictions ; quand il n'en a pas, il ne va nulle part ; point de mensonge officiellement religieux pour abuser son âme ou

---

1. Évangile selon saint Jean, VIII, 32.

pour l'engourdir. L'État laisse les cultes protestants, catholiques, les congrégations rationalistes, les sectes, le pape et ses évêques agir à leur guise ; et sa paix, loin d'en être troublée, s'affermit dans la liberté que donne la vérité.

Qu'on le veuille ou non, au surplus, le problème de la séparation s'impose à tout le monde. Il marche à pas de géant ; il entre de vive force dans tous les journaux, dans toutes les revues, dans tous les esprits.

Une transformation s'opérera ; bonne ou mauvaise ? pour ou contre l'Évangile ? c'est aux consciences chrétiennes d'y pourvoir.

Quant aux Églises unies à l'État, quant aux Églises politiques, aux Églises mondaines, aux Églises accommodantes ; frappées d'impuissance par la fausseté même de leur principe, elles vont à la rencontre des ébranlements d'un prochain avenir, aussi mal armées que des chevaliers du moyen âge qui, la lance au poing, marcheraient en guerre contre les fusils Chassepot !

Ajoutons ceci :

La conscience, en même temps qu'elle nous amène l'indépendance et la netteté des positions, nous inspire le respect mutuel. Je l'ai déjà dit, il y a respect de conscience à conscience. Une discussion consciencieuse sera toujours une discussion respectueuse. Et ce respect des adversaires, il faut s'en souvenir, n'ôte rien, absolument, au maintien de la vérité, car c'est notre conscience qui nous l'impose, et la saine doctrine n'a pas d'autre gardien.

Ceci me plaît ! ceci me touche ! ceci a cours autour de moi ! ceci était adopté par mes pères ! — n'espérez pas que la conscience chrétienne tolère chez vous un langage pareil.

De sa voix austère elle nous pose et nous posera toujours la même question : As-tu trouvé ceci dans l'Évangile ? Est-ce loyalement que tu tiens ceci pour une parole de Dieu ?

VIII

LA CONSCIENCE DANS LA FOI

Nous sommes affaiblis ; notre foi ne transporte plus les montagnes.

C'est que notre conscience ne tient plus sa grande place auprès de nos convictions.

Prenons-y garde ; saint Paul nous parle de ceux « qui, n'ayant pas conservé une bonne conscience, ont fait naufrage quant à la foi [1] ! »

La foi, séparée de la conscience ! quelle dou-

---

1. Timothée, I, 19.

leur! Nous pensons la posséder encore, notre foi, nous y comptons, nous la considérons toujours comme notre rocher, et déjà elle est en l'air et ne pose plus sur rien.

Ce qu'il faut de droiture dans la foi ne se sait pas assez. La sincérité est indispensable à la vérité. Sortons-nous des sentiers de droiture, aussitôt il se produit en nous un écroulement dont on ne saurait peindre l'horreur.

Cela ne tient pas à la nature du fait que nous admettons ; cela tient à l'intégrité que nous apportons à l'admettre.

Tel persécuteur frappant consciencieusement les ennemis de sa religion, peut conserver une conscience loyale. Tel idolâtre, injuriant et détruisant son idole, à laquelle il croit encore, blesse et perd sa conscience.

Ah ! les consciences blessées ! Ah ! les figures complexes qui ne vous diront jamais si la conscience est tuée ou si elle se débat toujours ! Connaissez-vous une tristesse plus navrante ? L'angoisse ne vous saisit-elle point à leur rencontre ? et me démentira-t-on si j'affirme que, sous ce rapport, Cromwell me fait plus souffrir que Philippe II ?

Ce Cromwell, avec sa piété réelle et ses réels mensonges ; ce Cromwell, qui, sans être ni un hypocrite, ni un cœur desséché, cherche à se persuader qu'il y a deux morales, l'une pour les rapports avec Dieu, l'autre pour les affaires publiques ; ce Cromwell, tout composé d'inquiétantes énigmes, semble se dresser aux endroits périlleux du chemin, à ces carrefours où nous serions tentés de quitter la voie droite, « faisant le mal afin qu'il en arrive du bien ! » et nos regards, qui interrogent les traits compliqués de ce double visage, notre conscience qui parvient mal à en rectifier les lignes, tout nous dit : veille sur toi !

Oui, veillons. Le danger, imminent pour quiconque persiste aux détours, c'est de s'effondrer dans cet abîme, que l'Écriture nomme :

péché contre le Saint-Esprit ! — le péché sans pardon.

Sans pardon, parce que le mal est sans remède ; parce qu'une fois la conscience faussée, il n'y a plus de vie morale ; parce que le sens moral est mort en nous, et que la mort ne se convertit pas.

Pour mon compte, j'aime mieux la conscience sans la foi, que la foi sans la conscience.

Une conscience sans la foi, une conscience avant la foi laisse les portes ouvertes à l'action de l'Écriture, au souffle du Saint-Esprit : l'homme moral subsiste. Mais, quand la foi répudie la conscience, que reste-t-il ?

La vérité même devient mensonge, pour quiconque l'admet au mépris de sa conscience ; or le mensonge est une destruction.

La conscience, même sans la connaissance, a une telle valeur, que les stoïciens, bien éloignés certes de l'Évangile, nous inspirent, par ce seul fait qu'ils reconnaissent la conscience et qu'ils la servent, un respect profond.

La conscience, même sans la foi, a une telle puissance, que souvent elle amène, bon gré mal gré, les cœurs les plus résistants à la foi.

« Ceux qui *veulent faire* la volonté de mon Père, » disait Jésus, « connaîtront si je suis de Dieu ou si je parle de mon chef[1] ».

Ceux qui veulent faire, connaîtront ! Cela n'est-il point arrivé ?

Oui, grâce à Dieu, et chaque jour nous rencontrons des hommes qui, commençant par faire, par essayer de faire, ont acquis à cette noble école du travail et de l'effort consciencieux ce qu'ils ne cherchaient pas : l'Évangile.

La foi unie à la bonne conscience ! Je voudrais trouver des accents dignes d'elle.

1. Évangile selon saint Jean, VII, 17.

L'homme de conscience et de foi voit incessamment sa conscience fortifier sa foi, et sa foi fortifier sa conscience.

L'homme de conscience et de foi vit en pleine vérité; ce mot dit tout. Il n'a pas, comme tant d'autres, à craindre qu'une vérité nouvelle ne mette en péril sa vérité provisoire. Il a saisi le définitif. Il a posé son pied sur le roc. Il respire à pleine poitrine. Il marche par ce chemin royal où la lumière va grandissant jusqu'à ce que le jour apparaisse dans sa splendeur.

Seul, l'homme de foi et de conscience peut chanter le cantique de Luther :

> C'est un rempart que notre Dieu,
> Une invincible armure !

IX

LA CONSCIENCE VIS-A-VIS DES ÉVÉNEMENTS

L'école des événements est si corrompue qu'elle a gâté les plus nobles cœurs.

Il semble qu'il faille faire, aux dépens du vrai, la part du fait ou la part du feu. Il semble que l'on compromettrait la vérité de Dieu, en ne comptant que sur Dieu. Il semble que l'on compromettrait l'Évangile, en le privant de ces appuis qui s'achètent par des atténuations ou par des mutilations de l'Évangile.

La politique religieuse, la pire de toutes,

naît de ceci : que les consciences ont fléchi devant les événements.

Dès qu'on s'arrange pour rendre le christianisme agréable aux puissants du jour, supportable aux hommes d'esprit, accommodant aux tendances influentes, facile aux courants; c'est que la conscience a déserté son poste, ou, pour mieux dire, c'est que la conscience nous gênant, nous nous en sommes débarrassés.

Les capitulations de conscience datent de tous les temps, hélas !

En présence d'un Henri VIII, maître, on le dirait, de sauver ou de perdre la cause encore si faible de l'Évangile en Angleterre, Cranmer se demandera — donnons cette interprétation à ses faiblesses — s'il n'est pas nécessaire de céder, de biaiser, de mentir, de prêter les mains à ce qui est mal, afin de ne pas compromettre ce qui est bien.

Que demain on nous propose, à nous, les hommes des libertés modernes, d'employer quelque peu de violence pour ouvrir un grand pays à nos convictions, saurons-nous tous résister ? protesterons-nous tous ? En d'autres termes, notre conscience se tient-elle debout en face des événements ? croyons-nous à la vérité ? croyons-nous en Dieu ?

Quand elle vit, notre conscience ne tolère aucune de ces habiletés ; pas plus les petites que les grosses ; pas même celles qui, par une violation quelconque de la justice, produiraient des conversions d'hommes par milliers.

Sacrifier un bout de vérité pour faire admettre la vérité, amoindrir la Bible pour introduire la Bible, c'est dire : Il n'y a point de Dieu là-haut !

Notre conscience qui croit, elle, qu'il y a un Dieu là-haut, dit : Périssent les succès, plutôt que la vérité de Dieu.

X

RÉSUMÉ

Nous nous entendons, n'est-ce pas?

En rappelant la grande place qui appartient à la conscience, je ne prétends certes point la mettre sur le trône de Jésus-Christ.

Le salut par la conscience n'est écrit à aucune des pages de l'Évangile; notre conscience repousserait avec horreur un tel blasphème, tant elle a, tant elle maintient chez nous le sentiment profond de notre misère et de notre indignité.

Ces *choses du salut,* la conscience ne les aurait pas inventées, non; mais témoin fidèle de Dieu en nous — et contre nous — par sa voix intègre, par son regard droit, par l'examen de nous-même, par l'expérience de chaque jour, par la vue des fruits individuels et généraux du christianisme, par cette démonstration de la vie intérieure que rien ne remplace, par la divinité rendue visible d'une doctrine qui unit étroitement le bonheur à la sainteté, qui ne délivre pas du châtiment sans délivrer du mal, notre conscience nous fournit à chaque instant des raisons nouvelles de mieux croire ce que nous avons cru.

Vous voulez une preuve? la voilà, vivante; et c'est votre conscience qui vous la donne.

Elle nous met loin, convenez-en, des modes religieuses, des religions de parti pris, des religions du coffre-fort et de l'ordre public, des religions qui se présentent comme un signe de ralliement, comme une opinion bien portée, comme une tradition respectable, comme un lien de nationalité, comme un frein opposé aux passions violentes, ou même comme une satisfaction accordée aux besoins élevés de l'âme, comme une consolation, comme une espérance, comme une radieuse lumière jetée sur les tristesses d'ici-bas.

Ces titres-là n'ont aucune valeur pour la conscience. Un seul importe : la vérité ! Ni erreurs commodes, ni mensonges bienfaisants, ni vérités acceptées sans sincérité. Une illusion, si douce fût-elle, ne séduira jamais la conscience. Une concession au prix de la loyauté ne rencontrera jamais son absolution. Elle aspire à la vérité, elle ne veut que la vérité, elle a foi dans la vérité.

Aussi le consciencieux ne ressemble-t-il nullement à ce portrait de fantaisie, à cette caricature qui nous le montre enveloppé de sa croyance comme d'un brouillard épais, redoutant les questions, redoutant les clartés, anathématisant la science, reculant devant la vie, se tenant immobile, abrité sous son demi-jour, ramassé sous son aveugle foi, semblable à l'oiseau de nuit qui a peur du soleil et qui se cache au fond de son trou.

Les chrétiens consciencieux ne se cachent pas. Les chrétiens consciencieux sont fiers de leur foi. On ne croit pas consciencieusement à une religion dont on n'est pas fier. On ne croit pas à sa croyance, quand on demande grâce pour elle à la science, à la liberté, au progrès.

Très-peu fiers pour nous-mêmes — la conscience nous empêcherait bien de le rester ou de le devenir — nous nous déclarons très-fiers de notre Évangile.

Ce n'est pas un médiocre signe de sa vérité divine, qu'il s'accorde toujours avec la conscience, qu'il la prenne pour son alliée, pour son agent, pour son missionnaire auprès de chacun de nous.

Ce n'est pas un médiocre signe de sa vérité divine, que, cherchant le meilleur moyen de démonstration pour tous, nous ayons été contraints à ceci : En appeler à la conscience, partout et toujours !

TROISIÈME PARTIE

LA CONSCIENCE ET LE DEVOIR

APPLICATION DE LA VÉRITÉ RELIGIEUSE

I

NOTRE MARCHE

La marche de notre étude est logique. Déterminer le rôle complet de la conscience, en voilà l'objet.

Avec elle nous avons cherché la vérité centrale, la vérité religieuse ; par elle nous avons saisi cette vérité, nous l'avons possédée—c'est-à-dire qu'elle est devenue maîtresse chez nous et qu'elle nous a conquis — il nous reste à voir ce que cette vérité doit produire, appliquée par la conscience à notre existence même, et quelle force elle va nous donner pour accomplir nos obligations.

Il faut redescendre. Nous ne pouvons pas demeurer toujours sur les hauteurs, en présence de l'Eternel. Mais comme Moïse, alors qu'il abandonnait les sommets du Sinaï, puissions-nous garder sur nos visages quelques-unes de ces clartés que laisse au front tout entretien direct avec Dieu.

C'est sur la terre, non dans le ciel, que nous sommes maintenant appelés à vivre, je veux dire à lutter.

Les réalités habitent la terre, les brutales réalités. Elles n'ont aucune politesse, nous nous déchirerons à leur grossier contact. Ce qui nous attend, ne nous y trompons point, c'est une bataille, une longue et lourde bataille qui dure autant que nos jours.

Il importe d'y venir bien armé. Une épée de parade ne servirait à rien. Avoir pris de bonnes résolutions, avoir formulé des plans de réforme, s'être muni de sentences morales, cela ne suffit pas; faire son devoir n'est point cette chose toute simple que notre inexpérience imaginait en commençant.

Quel brave enfant n'a rêvé le roman de sa vie! belle, dévouée, chevaleresque! Et qui n'a rencontré l'ennemi debout, aux portes de la terre promise du devoir.

Nous savons avec quelle armure on peut affronter cet ennemi-là. Être cuirassé de vérité, de justice, de foi, de salut; porter dans ses mains l'épée de l'Esprit, qui est la Parole de Dieu, ne pensez pas dans cette terrible et bonne guerre, triompher à moins [1].

Or la Parole de Dieu n'est point, elle, une épée de parade. Maniée par le croyant consciencieux, elle frappe des coups décisifs.

J'ai parlé de la bataille de la vie!

1. Éphésiens, VI, 17.

Bataille des passions, bataille de la foi; incessante bataille au nom de la vérité; bataille pour chacune de nos convictions, bataille pour chacun de nos devoirs; bataille des tentations grossières et bataille des tentations raffinées; bataille de la pauvreté et bataille de la richesse ; bataille des mauvais jours et bataille des jours heureux; bataille contre ceux qui nous haïssent et parfois contre ceux qui nous aiment; bataille contre les milieux, contre les exemples, contre les entraînements, contre les mots d'ordre; bataille contre les camaraderies, contre les meneurs, contre les menés; bataille des ambitions, bataille des avidités, bataille des orgueils, bataille des égoïsmes ; bataille des succès et bataille des revers, bataille des ivresses et bataille du découragement : telle est la grande bataille de la vie.

Les mieux armés y ont été, en plus d'une rencontre, blessés et vaincus. Mais on se relève par la foi, et le soldat de Jésus-Christ ne rend jamais son épée.

Je l'ai dit, il ne s'agit pas d'un jour; il ne s'agit ni de trois, ni de dix, ni de vingt ans; il s'agit d'attaquer et de se défendre, sans désemparer, du premier souffle au dernier soupir.

L'enfant livre, on ne le sait point assez, plus d'un combat d'avant-garde. Le jeune homme, la jeune fille, luttent en pleine mêlée. L'âge mûr n'en a pas fini. Et la vieillesse elle-même, la vieillesse croyante et vaillante, voit l'ennemi en retraite tirer ces derniers coups de feu qui atteignent encore le vainqueur.

L'action a lieu au dehors, et surtout au dedans. C'est contre nous-même que nous avons à tourner l'épée de la Parole de Dieu. Si notre conscience la tient, je le répète, nous sommes forts.

D'ailleurs n'a-t-il pas vu passer devant lui

toutes les batailles de la vie, ne veut-il point nous préparer pour toutes, Celui qui s'est penché sur les cœurs meurtris, Celui qui a publié la délivrance aux captifs, Celui qui annonce la bonne nouvelle aux pauvres, Celui qui a combattu, Celui qui a triomphé ? Des compassions, des libertés, des richesses, voilà ce qu'il apporte à chacun dans ses mains transpercées.

Par lui nous résoudrons ce problème, si simple à première vue, si redoutable quand on l'attaque : l'accomplissement du devoir.

II

NOTION SIMPLE DU DEVOIR

Rien ne répugne à la conscience comme l'étalage de la conscience. Nous l'avons dit, le sens moral répudie toute ostentation.

Je me défie des gens dont la conscience emplit la bouche. Les vrais consciencieux, qui vivent avec leur conscience, qui ont pris leurs habitudes chez elle, n'éprouvent nul besoin d'en parler à tout propos.

Le poltron met volontiers flamberge au vent; le vrai brave laisse d'ordinaire son arme au fourreau; mais, quand il dégaine, c'est pour tout de bon :

Il est de faux dévots, ainsi que de faux braves,
Et, comme on ne voit pas qu'où l'honneur les conduit,
Les vrais braves soient ceux qui font beaucoup de bruit,
Les bons et vrais dévots, qu'on doit suivre à la trace,
Ne sont pas ceux aussi qui font tant de grimace.

Ceci dit, voyons en quoi consiste la loi royale du devoir :

Le bien oblige !

Fais ce que dois, advienne que pourra !

Jamais la règle fondamentale, qui contient tout et s'applique à tout, n'a reçu de la conscience une forme plus saisissante et plus vraie.

Elle semble diviser les hommes en deux camps : d'une part, ceux qui regardent aux principes, c'est-à-dire au devoir; de l'autre, ceux qui regardent aux conséquences, c'est-à-dire à eux-mêmes : d'un côté, les hommes de conscience; de l'autre, les hommes de calcul.

Que le calcul porte sur nos intérêts, ou sur ceux du pays, ou sur ceux de la vérité, le fond reste le même. Qui calcule ne croit point en Dieu; qui calcule bâillonne la conscience; qui calcule prend la place de l'Éternel et se considère comme chargé d'assurer le succès.

L'homme de conscience et de foi agit tout autrement. Ma conscience a parlé, le devoir est clair, j'obéis. Il y a un Dieu là-haut!

Ce que cela met de jour, de force, d'unité dans la vie ne saurait se décrire. Je plains le politique; sans cesse il est obligé de remanier ses plans; il lui faut tenir compte de tout: des individus et des circonstances, même un peu de Dieu, et de la vérité par-dessus le marché. Il fait une cote mal taillée où le devoir et l'habileté cèdent chacun quelque chose. Et chaque matin c'est à recommencer, et Dieu renverse ces combinaisons habiles, et les habiles se trouvent être les malhabiles quand on arrive au bout.

Faire le bien *par conscience* est une indispensable condition pour le bien faire. On peut l'accomplir autrement, mais alors, perdant sa vigueur, il perd son autorité.

J'aime ceci, mes goûts me portent là! — On prend, on laisse, la notion du devoir s'est effacée, nos penchants la remplacent, l'homme moral a fléchi tout entier.

Cela ne veut pas dire qu'aller contre ses goûts soit aller nécessairement dans le sens du devoir. Des esprits honnêtes ont bâti là-dessus d'étranges théories.

Voulez-vous connaître votre devoir? se sont-ils écrié : cherchez ce qui vous contrarie le plus !

Et l'on nous inocule ainsi la maladie des scrupules, qui ruine les énergies morales; et l'on nous prépare une race d'esclaves toujours courbés, exécutant leur tâche presque toujours à contre-cœur.

Telle n'est pas la pensée du Dieu qui veut des hommes libres, marchant joyeux dans le sentier de ses commandements. Loin que la suprême contrariété crée le devoir suprême, l'Écriture et la vie nous montrent les plus saints devoirs liés aux plus chères affections. Loin que la gêne avec la souffrance favorise l'accomplissement du devoir, l'expérience de chaque jour nous prouve que notre devoir ne sera bien rempli, qu'autant qu'il deviendra notre goût, notre besoin, notre bonheur.

Comprenons-nous bien. Pour devenir un bonheur, l'obligation ne cesse pas d'être un devoir. Les bienheureux du ciel, qui servent Dieu, rencontrent leur joie dans l'obéissance, et ne sentent pas moins que cette obéissance est un devoir. Dès l'instant où elle ne le serait plus, les relations des rachetés avec Dieu se trouveraient complétement altérées; le sens moral serait blessé d'une mortelle atteinte.

Que penseriez-vous d'un enfant qui, soumis de fait à ce que son père veut, n'admettrait pas le principe du devoir envers son père? Que penseriez-vous d'un citoyen qui, tout en observant les lois, ne reconnaîtrait pas la loi? Le sens moral, par où s'entend la conscience, manquerait chez tous deux. Dès lors, ne comptez plus sur rien, ni sur la soumission filiale, ni sur l'ordre social ; car le premier coup de vent mettra tout par terre.

Nous avons un mot aussi funeste que commode : Je me sens porté ! je ne me sens pas porté !

Tel homme honorable, pieux même, vous déclarera qu'il ne *se sent pas porté* à visiter les pauvres, à soigner des parents malades, à prier en famille, à vivre chez lui, à se rendre aimable, à être de bonne humeur, facile et doux aux siens.

Tel autre vous dira qu'il ne *se sent pas porté* à croire en Jésus, ni à se repentir, ni à combattre, ni à se régénérer.

Ainsi les niveaux baissent. Ainsi les questions de tendances, de préférences, de tempérament se substituent à la question de devoir. Ainsi des hommes qui semblent fort consciencieux jettent la conscience aux vieux fers. Ainsi la loi royale : Le bien oblige ! le vrai oblige ! s'efface graduellement.

Et je n'ai rien dit de ceux qui, non contents de s'écrier : Je ne me sens pas porté au bien ! ne craignent pas d'ajouter : Je me sens porté au mal !

L'un va avec l'autre. Sur le terrain des sensations, des inclinations et des penchants, la notion du bien et du mal s'évanouit, sans parler de la notion du vrai et du faux.

Qu'on me pardonne d'insister sur ce point.

L'argument tiré de nos répugnances ou de nos satisfactions particulières se reproduit plus souvent qu'on ne l'imagine : — Cette pratique peut ne pas être conforme à l'Évangile, mais elle répond à mes besoins religieux ! Cette doctrine peut ne pas se trouver dans la Bible, mais elle m'édifie ! Je me sens heureux quand je fais ceci ! Je me sens béni quand je crois cela !

Adieu la vérité ; adieu la conscience ; adieu le devoir.

III

LES DEUX MORALES

Un des grands moyens — aussi vieux que le monde — de supprimer la morale, c'est de nous en faire deux : la morale selon la conscience, et la morale contre la conscience; la morale morale, et la morale immorale.

Qu'on nous parle du devoir quand il s'agit de la vie privée, à la bonne heure; mais la vie des affaires, la vie publique, la vie politique ne sauraient ni s'assujettir à une règle aussi absolue, ni s'enfermer dans un habit aussi étroit !

Ceci, qu'on le sache ou non, ne va pas à moins qu'à détruire l'idée même de devoir. La conscience qui ne sert pas tous les jours n'est plus la conscience. Le devoir qui n'oblige pas tous les jours n'est plus le devoir. Qu'est-ce qu'une vérité qui a ses moments? Qu'est-ce qu'une justice soumise au vote successif des circonstances?

Les concessions tant reprochées aux jésuites — et à si juste titre — n'ont pas d'autre origine. Au lieu de prendre pour objet les affaires ou la politique, cette répudiation du devoir s'appliquait à la religion. Peu importe. Le nouveau probabilisme vaut-il mieux que l'ancien? Vaut-il mieux se donner des permissions de déloyauté ou de mensonge pour gagner de l'argent et pour gouverner l'État, que pour propager des dogmes et pour gagner des prosélytes?

Il y a deux choses qui ne changent point : la théorie du bien, la théorie du mal. « Faire du mal afin qu'il en arrive du bien! » est l'éternelle maxime de la morale immorale ; celle-ci n'a jamais changé sa devise et ne la changera jamais. « Le bien oblige ! » est l'éternelle maxime du sens moral ; maxime aussi claire qu'elle est courte. Point d'exception, point de suspension, point d'ajournement, point de compromis entre le devoir et l'habileté : « Le bien oblige ! »

Appliquons sur-le-champ cette règle infaillible aux *distinguo* des affaires.

Nous nous sommes arrangé une morale toute spéciale à leur sujet : — Que chacun se défende ! Que chacun examine ! Chacun pour soi !

Le maquignon qui vend un cheval taré et qui récuse sa conscience en s'écriant : — Regardez-le ! essayez-le ! n'est pas plus odieux que le banquier qui lance une opération, qui ne la croit pas bonne, mais qui sait qu'au début, il y aura des primes à recueillir. Plus tard, quand les actions seront placées, on reconnaîtra qu'elles ne valaient rien ; des centaines de familles se trouveront ruinées pour avoir ajouté foi aux annonces et au prospectus : — Que voulez-vous ! les affaires sont des affaires ! que chacun examine ! chacun pour soi !

Tout le monde, Dieu merci, ne pratique pas cette morale à double face. Il y a des banquiers intègres, il y a de grandes entreprises menées avec une probité scrupuleuse. Mais, ne nous le dissimulons point, les deux morales existent pour d'autres, et, ce qui est plus grave, l'opinion générale admet, jusqu'à un certain point, la légitimité du fait. Très-révoltée par le petit vol banal exécuté dans la vie ordinaire, l'opinion se froisse très-peu du vol exécuté sur de vastes proportions dans le monde financier. La conscience publique — et c'est un signe de son affaiblissement — blessée, ne proteste que par un faible murmure.

Veillons sur nous. On participe toujours, plus ou moins, aux défaillances de son époque. Sitôt qu'une épidémie sévit, les bien portants eux-mêmes en subissent l'influence malsaine. Or la passion de l'argent est partout, ses ardeurs se font sentir à tous, l'exemple des gains hasardeux et rapides exerce sur tous ses fascinations. Faire ce que tout le monde fait, cela mène loin. Faire le contraire de ce qu'on fait serait plus sûr. En tout cas, la conscience ne nous montre ni ce qu'on fait, ni ce qu'on ne fait pas, mais ce qu'on doit faire. Elle nous montre le devoir.

S'agit-il de politique? nous retrouvons la morale à deux visages.

Tel homme public se montre sincère et loyal dans la vie privée; il ne voudrait pas plus transiger sur le moindre article d'honneur que le négociant de tout à l'heure ne voudrait voler une épingle sur une pelotte;

mais dès que la scène s'agrandit, sitôt que les intérêts politiques sont en jeu, cet homme, afin de blouser les adversaires, trompera dans ses dépêches et mentira dans ses conversations. Il aura ce qu'on appelle vulgairement une conscience de rechange, une conscience de parti ; il emploiera de mauvais moyens, des moyens infâmes, des polices occultes, des corruptions ; il marchandera les consciences, il achètera le secret des cabinets étrangers. Et il vous dira que tout cela est admis, que tout cela est nécessaire ; il vous déclarera carrément que les armes doivent être égales ; qu'attaqué par des mensonges, on ne saurait se réduire à la vérité ; il affirmera que, sans le mal, le bien ne pourrait s'accomplir ; qu'il faut gagner les diplomates hostiles par des promesses, qu'il faut s'assurer les députés hésitants par des emplois, qu'il faut soudoyer certains journaux pour lancer de fausses nouvelles et pour nier les vraies, qu'il faut ouvrir les lettres particulières afin de tenir gens et choses en main [1] !

Mensonges des bulletins militaires, mensonges de la tribune, mensonges de la diplomatie : nous vivons dans un temps où le mensonge suivi, systématique, sans timidités et sans vergogne, s'est largement étalé.

Qu'en pense la conscience? — Si le mal existe, évitez-le. S'il y a un bien, faites-le. S'il est un devoir, obéissez-lui. — La conscience ne sort pas de là. Elle ne donne à personne, ni jamais, ni pour quoi que ce soit, l'autorisation de mal agir.

Nécessité politique! dit-on. Nécessité diplomatique! Nécessité militaire! — Et la nécessité de la droiture, qu'en faites-vous?

Les morales à exceptions, les devoirs intermittents, les consciences qui signent des com-

---

[1]. « Parlez un peu moins de religion et de morale, et n'amollissez pas les cachets! » (Discours du baron Achille de Daunant, sous la Restauration.)

promis; vous savez ce que cela vaut. Cela vaut un rempart, auquel, d'avance, on aurait fait une brèche. Cela vaut une digue à laquelle on aurait fait un trou.

Revenir à la droiture en politique, à la sincérité partout, ce serait accomplir une des plus nobles révolutions de notre temps.

Révolution funeste! — pensez-vous.

Je pense tout le contraire. J'ai toujours cru à l'alliance intime du vrai, du bon et de l'utile. La théorie des vérités nuisibles, des vices indispensables, des injustices salutaires, m'a toujours paru plus stupide encore qu'elle n'est odieuse.

On se trouve bien habile, quand on se pose en petit Machiavel.

Machiavel lui-même était-il si habile? Avez-vous beaucoup admiré, en le lisant, la grandeur de ses conceptions? Avez-vous jugé que cela pût mener bien loin ou bien haut?

Je vous donne mon opinion telle quelle :

cela révolte mon esprit autant que mon cœur. C'est très-petit, en même temps que très-ignoble.

La conscience dans la politique ne jouerait pas un rôle médiocre, vous pouvez m'en croire.

Je me rappelle de quel respect étaient entourés ceux de mes collègues à la Chambre qui passaient pour consciencieux. Les moindres paroles prononcées par eux avaient plus de valeur que les plus éloquents discours. Il y a toujours des heures où les Athéniens renvoient Thémistocle pour revenir à Aristide.

On ne sait pas assez de quel poids pèserait aujourd'hui en Europe, une nation dont la politique au dedans et au dehors se montrerait purement et simplement honnête. Je disais naguères : Nous sommes fiers de notre foi ! — Pourquoi ne tendrions-nous pas à être fiers de notre politique?

Quand un homme public recommande l'entière intégrité à son parti, quand il le veut loyal jusqu'à devenir chevaleresque, il lui donne le plus admirable, ajoutons le plus fort des conseils.

Qui sème la loyauté, recueillera quelque jour l'influence. La récolte peut se faire attendre ; ne craignez rien, elle viendra.

Et ne vînt-elle point, la conscience est-elle un calcul ?

Montaigne — aux doctrines duquel se rabat trop souvent l'honnêteté vulgaire — Montaigne, ce faux bonhomme qui semble tenir le langage du bon sens et qui sape en-dessous les bases du sens moral ; Montaigne a dit de la conscience : Que sais-je ? — La conscience n'est qu'un produit accidentel et infiniment variable des habitudes, des idées courantes, des traditions ; n'étant que cela, elle n'oblige personne. Agir suivant les circonstances, naviguer selon le vent, céder à la force, prendre son parti du mal, glisser vers le but par les voies détournées quand on n'y peut arriver par le chemin droit : telle est la sagesse.

En d'autres termes : accommodons-nous, mentons, courbons l'échine.

La conscience, vis-à-vis de tels sophismes, se redresse de toute sa hauteur; et de toute sa simplicité aussi. Car elle est simple, et ce caractère que j'ai déjà signalé vaut qu'on y revienne ; il marque le trait divin.

L'Évangile dit : « Prudents quant au bien! » il existe de mauvaises bonnes œuvres. L'Évangile dit : « simples quant au mal [1] ! » il n'y a pas de mal qui soit bon.

La conscience a le regard droit; elle ne se met pas en quête des conséquences; elle s'en tient au principe, qui est net, qui est impérieux, et qui lui suffit. La conscience nous fournit cette bonne grosse morale, qui est la grande. Travailler à faire mieux que bien, lui

---

1. Romains, XVI, 19.

paraît toujours suspect. On ne travaille guère à faire mieux, que pour éviter de faire bien.

Pour mon compte, lorsqu'il s'agit de devoir, je me défie des raffinements. Les raffinements ne sont pas toujours des délicatesses. J'en reviens à l'honnêteté, à la probité, aux braves gens. Oui, parlez-moi des gens qui n'y voient pas plus fin que leur conscience. Parlez-moi de gens décidés à faire ce qu'ordonne leur sens moral, et à ne pas faire ce qu'il défend. Parlez-moi de gens qui ne définissent point, qui ne dissèquent point, qui ne distinguent point, mais qui, pour un empire, ne consentiraient pas à trahir le plus petit devoir, à renier la moindre vérité.

IV

LA CONSCIENCE CROÎT ET DÉCROÎT

A mesure qu'elle fait grandir l'homme, la conscience grandit d'autant.

Elle peut grandir ou diminuer, non dans son principe, immuable : Le bien oblige ! mais dans les applications de ce principe, qui toujours se proportionnent à notre sincérité.

Elle peut grandir ou diminuer, non dans son essence, invariable; mais dans son autorité, qui toujours dépendra de la manière dont on l'écoute ou dont on s'efforce d'étouffer sa voix.

Une conscience qui grandit, est-il rien de plus beau? Connaissez-vous rien de plus noble qu'un homme attentif à la conscience et virilement soumis au devoir?

« A celui qui a, il sera donné ![1] »

Cet homme a le ferme propos d'agir selon la droiture chrétienne; il lui sera donné de la mieux comprendre chaque jour.

Cet homme a la volonté arrêtée de n'éluder aucun devoir; chaque jour des devoirs meilleurs lui seront indiqués.

L'Écriture nous parle de « consciences exercées à discerner le bien et le mal[2]! »

Exercées! On peut donc exercer ou ne pas exercer sa conscience. Un corps exercé se fortifie, une conscience exercée prend vigueur.

La conscience de cet homme, constamment agissante, se développe sainement. Et une lumière amène une lumière, une vaillance

---

1. Évangile selon saint Matthieu, XIII, 12.
2. Hébreux, V, 14.

amène une vaillance, la vie morale s'épanouit, la passion de la justice embrase le cœur; solide en face de tous les affaissements, de toutes les tentations, debout sur toutes les brèches, cet homme devient capable de redire la grande parole : « Je ne puis autrement! »

Hélas, il en est qui peuvent autrement.

Leur nombre s'accroît avec une effrayante rapidité.

On pense, on parle, on agit contre sa conscience, sans trouble et sans hésitation.

La conscience est toujours là; mais on l'a murée, et si solidement, qu'on ne l'entend plus.

Bien mieux, on s'est fait une fausse conscience.

Il existe de fausses consciences, comme il existe des christianismes faux.

On voit des gens — et n'avons-nous point, nous, à notre compte, de ces expériences humiliantes — on voit des gens qui parviennent à tuer leurs scrupules, un à un, comme on éteint l'une après l'autre les lumières d'une batterie ennemie.

Quand on accomplissait le mal, c'était avec remords ; on a passé outre, on le fait sans trop de remords ; puis on le fait sans aucun remords ; puis on finit par le faire, presque avec une bonne conscience ; et les remords deviennent une chose si oubliée, si inconnue, qu'on ne comprend même plus les scrupules des âmes honnêtes qui parlent de leurs péchés et qui s'inquiètent de leur état moral.

Cette déchéance prend parfois, tant elle est prompte, le caractère d'un effondrement. Où vous aviez, l'an dernier, laissé un homme, vous ne trouvez plus cette année qu'un fonctionnaire, qu'un courtisan, qu'un politique, qu'un agioteur. Où vous aviez laissé une âme ouverte à toutes les jouissances élevées, à toutes les généreuses émotions ; vous ne trouvez plus qu'une intelligence épaissie, qu'un esprit obscurci, qu'une nature triviale, rabattue aux sécheresses de l'ambition, aux vanités, aux avidités.

Les Chinois prennent un noble chêne; ils l'emprisonnent dans un petit vase; et ils obtiennent ainsi des avortons qui vivent, qui même portent des fleurs et des fruits : pauvres êtres rabougris, contrefaits, misérables; eux, destinés à étendre librement leurs fortes racines, à tordre avec puissance leurs branches robustes au grand air, en pleine forêt!

Il en va de même pour les consciences auxquelles on a refusé le sol, le ciel et le soleil. Elles se sont raccornies, elles se sont amoindries.

L'homme est devenu petit. On a créé la race des mirmidons.

V

CE QU'ÔTE LA CONSCIENCE

Ne nous berçons pas d'illusions.

La conscience, la conscience chrétienne, la conscience armée de la Parole de Dieu; celle qui demande un absolu changement et qui ne se contente pas à moins; celle qui progresse au lieu de décroître, et dont les exigences augmentent au lieu de diminuer; celle qui ne fait grâce à aucune injustice, à aucun mensonge, à aucune lâcheté; celle qui prétend qu'on avance et qu'on monte; celle qui nous lance au plus fort de la mêlée et qui veut que nous allions « jusqu'au sang[1] ; » celle qui impose des résolutions viriles et qui dicte de douloureux sacrifices ; celle qui fait des vaillants ; celle qui exige d'une manière positive, et non pour la forme, l'exécution du devoir ; cette conscience-là est un rude éducateur.

Avant de voir ce qu'elle nous donne, sachons ce qu'elle nous ôte.

Elle nous ôte avant tout le repos, car la bataille de la vie n'est une bataille que par la conscience. Sans la conscience, cette bataille serait une déroute. Or, une déroute termine la guerre. On rentre chez soi, on accepte le joug du vainqueur, on retourne sa cocarde, et tout est dit.

Ce repos-là, honteux, s'acquiert aux dépens de la conscience et du devoir. On l'obtient par la vie au rabais, par les convictions moyennes. Battu, on parle peut-être encore de conscience

---

1. Hébreux, XII, 4.

et de devoir, mais cela ne signifie rien ; la régénération à fond n'est plus poursuivie, les grands côtés de l'existence sont désertés ; on ne se bat plus ni contre soi-même, ni contre personne ; on est en paix.

La conscience chrétienne nous ôte l'oubli des questions, qui tient compagnie à l'oubli des devoirs. Elle nous ôte cette sérénité païenne si chère aux esprits que ne dévore aucune soif de vérité. La grande lutte du dedans, la terrible, est supprimée chez eux. Elle revient avec la conscience. Avec la conscience apparaît le trouble ; le trouble intime, le trouble salutaire ; le trouble sans lequel ce ne serait pas la peine de vivre ; le trouble d'une âme mal satisfaite, celui des pures ambitions, du travail, du progrès ! Regardez bien ; ce trouble gagne de proche en proche. Famille, société, État, une fois les consciences réveillées, rien n'y saurait échapper.

La conscience nous ôte cette liberté d'indifférence, très-vantée par les philosophes —

par plus d'un chrétien aussi — liberté à l'égard des tendresses, des déchirements, des larmes; soi-disant triomphes pour les uns de la sagesse, de la foi pour les autres, où l'égoïsme et l'oubli sont les vrais triomphateurs.

Elle nous ôte les joies non moins célébrées de la légèreté : la faculté de glisser sans s'y écorcher à travers les soucis et les douleurs; le talent de retomber partout et toujours du bon côté. Elle nous force à devenir sérieux, à prendre au sérieux notre vie, notre âme, nos affections, notre devoir.

Ah! le devoir ainsi compris, que c'est gênant! Qu'il est fâcheux d'avoir à s'inquiéter du vrai et du bon! Qu'il est fatigant de mener un perpétuel train de guerre! Qu'il est triste d'avoir du chagrin! Qu'il est vexant de tourner le dos au succès! Qu'il est désagréable de se trouver parfois seul de son avis! Qu'il est dur d'avoir à soutenir de bonnes causes mal vues, et de pauvres gens calomniés !

On y perd beaucoup, beaucoup !

Ce n'est pas peu de chose, que ce que la conscience nous ôte !

VI

CE QUE DONNE LA CONSCIENCE

Pensez-vous qu'elle nous ôte trop?

N'ayez nulle crainte, elle nous donne bien plus.

Vous la trouvez gênante? je prétends qu'elle est commode. Oui, commode, j'emploie le mot exprès.

Brûler ses vaisseaux, ne plus s'embarrasser que de ce qui est juste, ne plus regarder qu'à ce qui est droit, c'est se débarrasser des entraves, par conséquent de la contrainte; c'est recouvrer la liberté.

Et maintenant, examinons un peu quels dons nous fait la conscience.

L'indépendance, le premier qui me vienne à l'esprit, n'est pas le moins excellent.

« La vérité vous rendra libres ! » — « Si le Fils vous affranchit, vous serez véritablement libres [1] ! »

Ces paroles du Seigneur se réalisent chaque jour.

L'homme que domine une conscience chrétienne, l'homme dont l'Évangile a fait un homme de devoir, ne ploiera sous aucune tyrannie. Il ne craint qui que ce soit. Il a un maître qui le dispense d'en avoir d'autres.

Vienne l'opinion régnante, vienne le nombre, vienne le succès, l'homme de devoir regarde plus haut. Il est en sûreté. C'est un rempart que la conscience chrétienne !

Que me parlez-vous de menaces ou de pé-

---

1. Évangile selon saint Jean, VIII, 34, 36.

rils? Quand le devoir a parlé, lui, tout est résolu.

Et voilà une âme libre. Voilà un caractère. Voilà quelqu'un.

La conscience enfante des énergies et des fiertés; elle enfante des courages.

« Le juste est comme un jeune lion [1] ». — Avec la conscience, parce qu'il y a un devoir, le chrétien se jette à travers le fer, le feu des oppositions, à travers les bataillons des hostilités, des difficultés, des impossibilités, et les renverse. L'honneur, au sens sublime et vrai du mot, loge dans le cœur de cet homme-là.

La conscience nous donne le plein jour, elle met notre chemin au soleil, elle nous fait une vie claire, un but clair, des motifs clairs. Il y a plaisir, laissant de côté les bas-fonds et leurs brouillards : égoïsme, intérêts mesquins, am-

---

1. Proverbe, XXVIII, 1.

bitions vulgaires et mauvaises, il y a plaisir à marcher ainsi, dans l'éclatante lumière du devoir.

La conscience chrétienne nous donne nos bonnes indignations, nos bonnes colères.

On s'efforce aujourd'hui de nous les ôter. On opère de honteuses réhabilitations. On nous démontre que ce que nous avons justement maudit n'était pas si haïssable! que toutes les vilenies avaient leur raison d'être! que l'esclavage romain ne manquait pas de charme! que don Carlos donnait bien des embarras!

Mon sang bout dans mes veines! Grâce à Dieu, la conscience ne s'embésicle pas de ces verres-là. Elle a l'œil simple, souvenons-nous-en. Elle a son opinion faite sur les infamies sociales; elle les condamnera, quoi qu'on dise, jusqu'au bout. Elle arrachera notre cœur à cette incapacité des nobles révoltes, qui vient de ce qu'on analyse tout, de ce qu'on dissèque tout, de ce qu'on prouve tout. Elle arrachera notre âme aux molles adorations du talent et de l'argent; elle la relèvera de ces lâches affaissements devant l'habileté et la réussite, qui leur livrent le poste occupé jadis par la vérité et par le droit.

La conscience, qui nous a donné les beaux courroux, nous donnera les joies, des joies splendides et fortes.

Quelle joie, d'appartenir à la justice! Quelle joie, de faire son devoir! Quelle joie, d'aimer ce qui est bon, ce qui est vrai, ce qui va haut! Quelle joie, de sentir vibrer en soi toutes les grandes causes, toutes, sans exception!

Et quelle joie d'admirer! En même temps que nos belles indignations, nos belles admirations s'en étaient allées; la conscience les ramènera.

La conscience, cet intrépide défenseur de la vérité, ne renonce pas à reconnaître le bien, chez les adversaires, où qu'il soit. Elle ne se sèvre pas du bonheur de le saluer partout.

Entre adversaires consciencieux, d'ailleurs, n'y a-t-il pas quelque chose de commun : la conscience? Ne l'avons-nous point dit? Tous ceux qui appartiennent à la conscience ne se sentent-ils pas rapprochés par ce grand trait d'union, en attendant mieux?

Je n'en ai pas fini avec les dons de la conscience. Elle nous donne, chose étrange! le succès. La conscience accepte les revers; la conscience, plus souvent qu'on ne croit, rencontre le succès.

On pourrait publier un livre intitulé : *Victoires et Conquêtes de la conscience.*

Si nous faisions le compte des grands triomphes, je veux dire le compte des grandes idées qui ont transformé le monde, nous trouverions, engagés à leur service, bon nombre de vaincus, de proscrits, de méprisés. Le mépris a passé, la vérité est restée. C'est qu'en définitive, préférer la vérité au succès, c'est le seul moyen de remporter des succès véritables.

Les serviteurs de l'événement restent frappés d'impuissance; les serviteurs de la conscience exercent une influence profonde sur ceux-là mêmes qui les ont repoussés avec le plus de passion. Si la conscience était un calcul — mais alors, elle cesserait d'être — la conscience deviendrait le calcul par excellence. Rien ne l'égalera pour réussir.

Une philosophie superficielle de l'histoire nous raconte les triomphes de la méchanceté, de la ruse, du mensonge; elle nous dit qu'on ne gouverne les hommes que par le mal! Regardez-y mieux; derrière cette succession de batailles gagnées, vous verrez venir la grande armée des idées vraies, qui font leur chemin, toujours battues, et toujours victorieuses.

Par delà l'histoire des faits, il y a l'histoire

de Dieu. Par delà l'histoire que l'homme ébauche, il y a celle que Dieu écrit.

Si vous voulez des places, ce qu'on appelle : une position ; laissez là votre conscience, elle ne vous les donnera pas. Mais si, au lieu des petites ambitions, vous avez la grande ; si vous voulez servir la vérité, obéir au devoir, être partout et toujours l'homme de vos convictions ; la conscience vous donnera cela.

Vous trouvez le sort mesquin ! Vous vous trompez.

Un homme de conscience, c'est une force. A sa rencontre on frémit, mais on se range. On le redoute, mais on compte avec lui. On sent d'instinct que le respect du devoir est une puissance, et qu'aucune habileté ne la vaudra.

Tout bien pesé, c'est l'obéissance au devoir qui classe les hommes.

S'agit-il de carrières, de carrières vraiment

élevées? La conscience vous les ouvrira. A son contact, toutes les carrières s'ennoblissent.

Un négociant consciencieux a devant lui la loyauté, la générosité. Un médecin consciencieux sent bien que ce n'est pas seulement pour écrire des ordonnances qu'il visite tant d'êtres souffrants : secours, sympathies, consolations suprêmes, voilà ce qu'il a devant lui. Un ouvrier consciencieux a devant lui des compagnons de travail, il a un cœur pour les comprendre, il a des bras pour les aider. Le ciel, par conséquent l'infini, met ses profondeurs à tous les horizons.

« Personne ne nous a loués [1] ! » — Avec la conscience, jamais vous ne pousserez un tel cri.

La conscience vous prend à louage, non vers la onzième heure, mais de la première à la dernière. Laissez-la faire, vous ne vous reposerez que le soir.

---

1. Évangile selon saint Matthieu, XX, 17.

On dit : Nous n'avons plus de chevaliers !

La conscience vous les rendra.

La chevalerie est un besoin de tous les temps. Dans tous les temps la conscience armera ses chevaliers.

Faibles à secourir, vérités méconnues à prendre en main, iniquités à défaire, protestations à jeter à la face du despotisme des majorités et de l'audace ; voilà ce qui les attend. Et ne faut-il point maintenir l'idéal ? ne faut-il pas le reconquérir ?

Soyez-en sûrs, ce côté chevaleresque du courage et du dévouement, nous le retrouverons sans que le moyen âge s'en mêle, dès que nos consciences se mettront à parler haut.

Laisser l'utile pour le juste, déserter l'égoïsme pour l'héroïsme, c'est bien retrouver la chevalerie, ou je ne m'y connais pas.

Quand Nelson, au matin de Trafalgar, écrit cette simple proclamation : « L'Angleterre attend que chaque homme fera son devoir ! »

— il donne le mot d'ordre de la chevalerie moderne.

Faire son devoir ! ne pas se croire un héros parce qu'on fait son devoir, regarder comme une chose naturelle de faire son devoir, tout est là.

Lorsque nous l'aurons compris, nous gagnerons, nous aussi, dussions-nous y mourir comme Nelson, nos batailles de Trafalgar.

Et le don du relèvement!

Songez à ces pauvres êtres nés dans la boue, condamnés semble-t-il à y pourrir.

Certes, s'il existe un sujet d'éternelle compassion, vous le trouverez dans ces existences qui n'ont connu que le mal; entourées de plus de vices, de plus d'habitudes dégradantes, d'une atmosphère plus empoisonnée, que nous ne le fûmes jamais d'honnêteté, de bons exemples, d'un air salubre et pur.

Malheur à celui d'entre nous, qui, du haut

de ses faciles vertus, oserait juger ces âmes flétries !

Hé bien, la conscience leur restitue la fraîcheur. Que l'Évangile de pardon se laisse entrevoir, que le bien reparaisse, qu'il oblige, et l'œuvre des œuvres, la meilleure qui soit ici-bas, va s'accomplir à la gloire des compassions de Dieu. Ces ployés se relèveront, ces fangeux seront nettoyés, ces existences maudites deviendront des existences bénies ; une fois au travail, la conscience ne s'arrêtera pas qu'elle n'ait transfiguré ces êtres perdus.

Et il y aura un grand miracle sur la terre. Il y aura une grande joie dans le ciel.

VII

LA CONSCIENCE DONNE LES BONNES TENDRESSES

La conscience est riche, et nous ne sommes pas au bout.

De la conscience dans nos tendresses ! — Oui. Les molles affections qui oublient le devoir s'affaissent sur elles-mêmes. Le devoir est le ciment ; sans lui rien ne tient.

S'aimer assez pour chercher Dieu, pour viser à la beauté morale, pour travailler à la sanctification, pour s'avertir, pour s'entr'aider, pour appeler et fixer entre soi l'idéal, ce n'est une tâche, ni sans difficultés ni sans grandeur. Toujours il s'agit de se régénérer. La perfection, voilà toujours le but.

Qu'il fait bon, dans les familles où ce but est joyeusement poursuivi! La bataille de la vie n'a pas fini de meurtrir et de blesser; mais le bras victorieux de Christ n'a pas cessé de secourir.

N'allez pas vous figurer des familles guindées, mornes, ou grognonnes! Le devoir met notre cœur en liberté. La conscience d'ailleurs nous veut aimables.

Être aimable! on appelle cela un petit devoir. En vérité je ne sais pourquoi, car ce devoir — sans parler du bonheur qu'il amène — exige des renoncements, du support, de la bonté, de l'oubli de soi, d'assez grandes vertus, vous en conviendrez.

Il serait plus aisé de se montrer maussade tout à son aise, et d'inscrire sa mauvaise humeur au compte de la conscience. Mais la conscience n'accepte pas cette façon de régler les comptes. Elle nous dit tout net que, si nous sommes des chrétiens fort dévoués au dehors et fort désagréables au logis, c'est que nous l'avons mise à la porte, ni plus ni moins.

Tout comme elle revendique sa place dans nos tendresses, la conscience veut sa place dans nos éducations.

Il n'y a pas d'éducation, là où on ne s'est pas attaché à développer le sens moral. Que nos enfants le sachent bien, l'amour ne dispense pas du devoir. Qu'ils le sachent bien, en écoutant leur cœur, ils n'ont pas tout fait. Une loi supérieure, la loi d'obéissance, la loi du respect, immuable et positive, doit gouverner leur âme et régir leurs actions : Dieu doit être, Dieu doit rester le maître.

Sans ce pouvoir de la conscience, si effacé dans nos éducations modernes, vous aurez des générations passives, qui parleront beaucoup, n'agiront guère, consentiront à tout, et ne résisteront à rien. Avec la conscience, vous obtiendrez des générations moins amusantes, moins commodes; des générations énergiques, promptes à l'action, solides au bien, qui ne subiront pas, qui ne subtiliseront pas, qui marcheront droit, qui se tiendront ferme : vous aurez des hommes.

VIII

LA CONSCIENCE INDIVIDUELLE DONNE LA CONSCIENCE PUBLIQUE

La conscience publique se compose de consciences individuelles.

C'est quand les consciences individuelles sont fortes, pas autrement, que la conscience publique se roidit contre le mal.

On parle de la conscience publique comme d'un être à part, qui aurait son existence propre ; tout au moins comme d'un fait collectif, sur lequel personne ne saurait agir. C'est une erreur.

Chacune de nos consciences crée à son image, et en quelque manière, la conscience publique; nous portons tous la responsabilité du caratère qu'elle a.

En voulez-vous la preuve? Qu'au milieu de la fadeur des demi-convictions, des opinions de commande, des faiblesses qui courent les rues apparaisse soudain une conviction vraie, une décision, une solidité, une conscience; cela fera événement. On dirait la descente d'un homme en chair et en os, parmi les ombres des Champs-Élysées. Cette conscience, vivante, debout, et qui se porte bien, réveillera la conscience publique, elle la relèvera; un souffle de résurrection passera sur le pays tout entier.

Il y a de ces heures-là dans l'histoire du genre humain. Les idées nobles et pures se mettent à marcher; on se fait chevaleresque; on se préoccupe des faibles; on s'enquiert du vrai; on entend l'honneur national d'une façon nouvelle : gouvernement, opposition, journaux, tout participe à cette renaissance, à ce printemps, à cette éclosion des vaillances et des grandeurs de l'âme. Les mauvais, embarrassés, cherchent leur voie ; les bons, encouragés, ont trouvé leur chemin. C'est l'heure où l'on abolit la traite, l'heure où l'on affranchit les esclaves ; c'est l'heure où l'on flétrit — comme le faisait naguère l'Amérique — la pensée avilissante d'une banqueroute ; c'est l'heure où la nation qu'a redressée quelque brave conscience individuelle, secouant sa poussière et jetant son linceul, s'élance hardiment du côté des libertés, du côté des vérités.

Mais que nos consciences fléchissent au contraire, qu'elles s'engourdissent, la grande conscience fléchira, elle s'engourdira : gouvernement, opposition, journaux, ambitions nationales, projets et regrets, nous verrons tout s'amoindrir et tout se gâter.

Au travers des mots à effet, d'autant plus généreux que la pensée est plus mesquine, le pays s'affaisse, les niveaux s'abaissent, l'injustice se donne carrière. En même temps que la grosse honnêteté s'en va, on rêve de conquêtes, on parle d'agrandissements; on proclame une morale politique qui n'a rien à démêler avec la morale ordinaire. Conscience de localité, conscience d'événement, conscience de parti : autant de consciences que la vraie conscience ne connaît pas ; — Mes amis m'approuvent quand j'ai raison; la belle affaire! C'est quand j'ai tort que j'ai besoin d'eux!

Ce mot d'un ministre célèbre dit crûment jusqu'où peut aller la démoralisation de la morale — passez-moi le terme — lorsque la conscience publique a cessé de marcher droit.

Le plus grand mal qui puisse nous atteindre, c'est une dégradation de la conscience publique.

Le plus grand progrès que nous ayons à réaliser, c'est un relèvement de la conscience publique.

Or, la conscience publique ne se redressera qu'au contact viril des consciences chrétiennes.

IX

LA CONSCIENCE DONNE LES LIBERTÉS
ET LES SOLUTIONS SOCIALES

La liberté est au prix de l'obéissance.

Cela ressemble à un paradoxe. Regardez-y de près, vous verrez que partout où la conscience a cessé de se faire obéir, les libertés ont cessé d'exister.

En un temps de démocratie comme le nôtre, il n'est pas prouvé qu'un nouveau despotisme, le plus complet, le plus grossier, celui du nombre, ne réussisse à nous asservir.

Si le nombre triomphe, s'il gouverne, si la

conscience ne se lève pas pour lui tenir tête; si elle ne se met pas en travers pour défendre le domaine sacré de l'individu; si les fortes indépendances personnelles — celle du sens moral, justement — ne viennent pas s'opposer à l'envahissement des majorités réglant tout, jusqu'à l'éducation, jusqu'à la pensée, jusqu'à la foi; nous arriverons vite à un aplatissement auprès duquel les platitudes des courtisans de l'ancien régime seraient presque de la fierté.

La tyrannie des temps modernes est à la porte. Entrera-t-elle? oui ou non? — Oui, du moment où notre conscience n'est pas maîtresse chez nous. Non, si nous avons des hommes chez lesquels la conscience règne, absolument. Car ceux-là ont respiré à pleine poitrine l'air de la grande émancipation, ceux-là ne se laisseront pas étouffer [1].

1. Voir la note *e* à la fin du volume.

Prenons la première des libertés, celle qui sert de base à toutes les autres, celle qui tient de plus près à notre conscience : la liberté religieuse. Sans la conscience, je veux dire sans la foi, la liberté religieuse ne s'établit point.

Les hommes qui croient à la vérité, croient à la puissance qu'elle possède et au Dieu qui la maintient; ils n'infligeront pas à la vérité l'injure de la faire garder par des gendarmes. Les hommes qui sentent la valeur de leur conscience, éprouvent un immense besoin de respecter la conscience d'autrui; ils ne la feront violenter par qui que ce soit, fût-ce pour lui imposer l'Évangile; car ce serait renier l'Évangile, ce serait renier la conscience, ce serait renier tout.

Un tel respect, ne nous y trompons pas, n'a rien de commun avec la tolérance née du mépris de la vérité.

Le refus d'intervenir en matière religieuse, parce que cela n'en vaut pas la peine; l'abstention, pour cause d'absence de conscience; n'assureront ni l'un ni l'autre la liberté des convictions.

Le mépris n'a jamais rien fondé.

La tolérance douteuse n'a pas le droit de mettre son nom sur l'œuvre accomplie par la tolérance croyante. C'est celle-ci, non la première, qui a fourni le principe; c'est celle-ci qui a donné les martyrs. La liberté des âmes ne s'est établie que parce qu'il y avait des âmes. La liberté des consciences ne s'est produite que parce qu'il y avait des consciences; des consciences usant de leur droit, réclamant leur droit, et par cela même affirmant le droit de tous. La liberté religieuse, en un mot, n'a paru sur la terre qu'avec l'Évangile; et c'est quand l'Évangile, tiré au grand jour par la Réforme, s'est mis à rayonner, que la liberté religieuse a pénétré dans nos mœurs, qu'elle a transformé nos lois.

Pour cette liberté-là comme pour toutes, les

beaux esprits n'ont fait que recueillir ce que les grands cœurs avaient semé.

Sans les puritains et les huguenots, sans les persécutés et les vaincus, nous en serions encore aux religions nationales et au principe païen.

Toutes les libertés, en fin de compte, reposent sur le respect des consciences.

Liberté personnelle : respect des consciences. Sitôt que l'esclave a une conscience, il est traité comme un homme, l'esclavage est ruiné.

Liberté d'enseignement : respect des consciences. Dès que le père se sent responsable de l'éducation de son fils, dès qu'il prétend l'élever selon sa conscience, l'éducation nationale obligatoire disparaît.

Liberté politique : respect des consciences. Quand le droit des citoyens à être gouvernés selon leur conscience, à décider de la paix ou de la guerre selon leur conscience, à faire et appliquer les lois selon leur conscience est reconnu, l'absolutisme est renversé.

Il n'y a pas là de jeu d'esprit.

Les progrès, comme les libertés, ne posent sur d'autres fondements que la conscience.

Je parlais de la paix. Pensez-vous que si nous y arrivons une fois, pensez-vous que si nous échappons au poids des armements qui nous écrasent, ce ne sera pas l'œuvre de la conscience, de la conscience publique repoussant enfin les vieilles idées de rivalités nationales, d'équilibre européen, d'orgueil jaloux, de prépotence et de conquête?

Si les questions ouvrières reçoivent un jour, comme je l'espère, une bonne solution, ne sera-ce point la conscience à laquelle nous devrons ce prodige? Les relations de maîtres et d'ouvriers, de travailleurs et de patrons, considérées au point de vue du devoir; une lutte remplacée par une harmonie; qui donc opérera le miracle, sinon la conscience chrétienne, ce grand redresseur, ce grand initiateur?

Des initiateurs, des pionniers, nous en aurons pour autant que nous aurons des consciences. L'homme restera debout et la vie morale grandira.

Je plains, pour ma part, ceux qui, voulant des libertés, des égalités, des progrès, n'ont rien trouvé de plus ingénieux que de rejeter la conscience, que de nier l'Évangile, et, pour tout dire, que de faire la guerre à Dieu.

X

LA CONSCIENCE DANS LES LETTRES ET DANS LES ARTS

Y a-t-il, en dehors de la conscience, de réelles beautés dans la littérature et dans les arts? j'en doute. Le sens moral a mis son sceau sur tout ce qui est grand.

Otez les combats entre la passion et le devoir, vous supprimez une des puissances les plus incontestables et les plus dramatiques du domaine de l'esprit, en même temps que vous abaissez étrangement le théâtre de l'action.

Otez à l'artiste et à l'écrivain la poursuite

consciencieuse de l'idéal, vous n'avez plus que des machines, vous n'obtenez plus que des produits de fabrique.

Quand je lis les tragédies de Corneille ou de Shakespeare, quand j'ouvre les drames d'Eschyle ou de Sophocle, quand j'analyse les harangues de Démosthènes, le génie peut bien m'émerveiller, mais ce qui fait bondir mon cœur, ce sont les sublimes, ce sont les inimitables accents de la conscience.

D'où vient à Tacite sa supériorité d'historien? de sa grande conscience dressée en face des infamies des Césars.

D'où vient à Saint-Simon, ce gentilhomme « qui écrivait à la diable pour l'immortalité » cette saveur qui nous réveille, cette vigueur qui nous étreint? de sa grande conscience, dressée en face des amoindrissements honteux, de l'étroit formalisme, des passions ratatinées de la cour de Louis XIV, régentée par madame de Maintenon.

Voilà des hommes ! voilà des livres ! Avec eux on respire l'air fortifiant des sommets.

Les grandes consciences créent les grands styles.

Il y a plus.

A sa formule favorite : le bien oblige, le vrai oblige ! — la conscience ajoute celle-ci : le beau oblige !

Le beau reproduit, dans sa sphère, le bien et le vrai.

Ils sont consciencieux, au sens noble et complet du mot, l'écrivain, l'artiste qui se proposent, non de réussir, mais de bien faire ; qui cherchent, non à servir le public selon ses goûts, mais à poursuivre l'idée, la saisissant à tout prix.

Travailler de la sorte, et puis lancer son œuvre ; cette œuvre où l'on a renfermé une portion de sa vie, ce qu'on a de meilleur en soi : pensées, joies, souffrances, le cœur —

car la conscience n'exige rien moins — lancer son œuvre et songer qu'elle va rester ignorée, faute d'avoir courtisé l'opinion, faute d'avoir pactisé avec les petitesses du jour ; c'est introduire dans la région des arts et de la littérature, région où semblaient ne pouvoir pénétrer que des brises attiédies, le fort élément du devoir.

Ainsi agissait Beethoven — pour ne parler que de l'art, et d'une seule expression de l'art — ce Beethoven qui n'a jamais écrit une note pour complaire à qui que ce soit ; ce Beethoven qui n'a eu d'autre maître que le juge intérieur ; ce Beethoven sourd aux fantaisies du public comme aux bruits du dehors ; ce Beethoven qui n'écoutait qu'une voix : celle de l'idéal, lui chantant ses puissantes harmonies.

Mettez à côté d'une telle religion, nos asservissements ; au lieu du consciencieux labeur qui toujours est une lutte : lutte contre la mode, lutte contre le faux goût, lutte contre soi-même, mettez le facile passe-temps qui entasse des bluettes et des colifichets selon la saison ou l'heure, et dites si vous ne croyez pas voir le meunier de Sans-Souci, les mains dans les poches, le bonnet sur l'oreille, produisant sa farine sans qu'il lui en coûte un soupir !

> Et de quelque côté que pût souffler le vent,
> Il y tournait son aile et s'endormait content.

On tourne son aile ; que voulez-vous de plus ? Nos moulins sont à pivot. Vent du Nord, vent du Sud, il ne s'agit que d'orienter l'engin.

Ce qui manque à notre art, ce qui fait défaut à notre littérature, on le sent dès l'abord ; c'est la conscience.

Nos écrivains ont de l'adresse, de l'esprit, parfois même de la passion ; nos sculpteurs et nos peintres ont de prodigieuses ressources d'habileté ; les uns comme les autres, ils font tout ce qu'ils veulent.

Oui, tout ce qu'ils veulent, et voilà le mal.

Le véritable artiste ne fait pas tout ce qu'il veut. Il *faut* qu'il fasse certaine œuvre. Il est possédé par sa conscience d'artiste. Il ne saurait fabriquer sur commande.

L'écrivain consciencieux est incapable d'écrire le premier livre venu. Le peintre consciencieux est incapable de peindre le premier tableau venu. L'orateur consciencieux est incapable de traiter le premier sujet venu.

Faire de la voltige, exécuter des tours de passe-passe, accomplir des prodiges d'équilibre, maintenir des paradoxes en l'air, opérer des réhabilitations impossibles, demandez cela aux esprits qui se sont dégagés de la conscience ! Du reste, le tout lancé, pensez-en ce qu'il vous plaira, cela leur est bien égal. Quiconque se débarrasse de la conscience, se désintéresse du travail.

Pour moi, je préfère cent fois le cordonnier qui ajuste ses souliers avec l'ambition de créer un chef-d'œuvre, je préfère cent fois la lingère qui coud sa toile en visant à la perfection, je les préfère cent et mille fois à ces producteurs de phrases, de formes ou d'images, complaisants au public, assortissant toujours l'offre à la demande, prêts à tout reniement comme à toute servilité.

XI

LA SANTÉ MORALE

Nous avons partout interrogé l'horizon; partout la conscience s'est levée, se montrant à nous, lorsqu'elle est éclairée du Saint-Esprit et fortifiée par l'Évangile, comme la puissante créatrice de notre régénération.

Individus, familles et nations; questions morales, questions politiques, questions sociales, questions artistiques et littéraires, rien n'est parvenu à se passer d'elle.

La santé morale n'y réussit pas mieux.

Sans conscience, vous aurez des avisés, des

adroits, des raisonneurs, des Montaigne qui vous diront : Que sais-je ! — des prudents qui vous diront : Ne me compromettez pas !

Oh! ne me brouillez pas avec la République!

Vous n'aurez ni santé morale, ni caractères qui se portent bien. On vivra de régime, on vivra d'expédients. Point de décision, point de hardiesse, nulle vigueur.

Vienne la conscience, tout a changé.

La santé morale ! parlez moi de ce trésor !

Être en possession de la vérité et vivre en Dieu; comprendre sa route, discerner le but, appartenir au devoir ! c'est trop bon, c'est trop beau !

Il ne s'agit plus de savoir si l'on réussira ou non; la conscience nous dit que nous sommes chargés, non de réussir, mais d'obéir.

Que cela est bon, la vie sincère ! Que cela

est beau, croire au bien ! Que cela est bon, se confier au vrai ! Que cela est beau, ne redouter aucune vérité pour la vérité ! Quelle fête perpétuelle, être vivant, être croyant, être jeune ; oui, jeune, car il y a des vieillards qui, par cette sève intérieure, sont plus jeunes que les jeunes gens ! Quelle splendeur de paradis, travailler en conscience, agir en conscience, se passionner en conscience !

La santé morale a des entrains, elle possède des énergies, elle éprouve des pitiés, des générosités l'embrasent dont jamais les maladifs ne parviendront à se douter.

Qui dit santé morale dit quelque chose de consistant, de conquérant.

Qui dit plaie morale dit quelque chose d'écœurant, de répugnant.

La santé morale attire à l'Évangile. La morale mal portante discrédite l'Évangile.

Sur le « sel qui a perdu sa saveur, » le

monde pense exactement ce qu'a déclaré Jésus-Christ : « Il n'est bon ni pour la terre ni pour le fumier[1]. »

Le christianisme est un sel; il crée des vies salées, des devoirs salés; il met en toutes choses, pensées, paroles et actions, une saveur à laquelle on ne se trompe pas.

Mais ce christianisme dessalé, qui est fade, qui est ennuyeux, qui ne donne ni paix ni guerre, ni gaieté ni tristesse; le monde, en le rencontrant, hausse les épaules, et il a raison!

Ce qui marche devant ce christianisme-là c'est l'engourdissement et c'est la mort. Dès qu'il paraît, la vie se retire; les ressuscités se recouchent au tombeau.

Ne me parlez pas d'un christianisme fruste, secondaire, inerte, qui ne remue rien, qui ne transforme rien, qui n'exige ni dévouements ni sacrifices, qui nous dispense, même de l'as-

1. Évangile selon saint Marc, IX, 50.

piration. Ne me parlez pas de ces dévotions aisées, de cette religion qui n'est qu'une doctrine, peut-être qu'une habitude, qui a des complaisances pour toutes nos convoitises et des excuses pour tous nos entraînements. Ne me parlez pas de cette piété mesquine et modérée que l'héroïsme épouvante, que les croix font reculer, qui nous ouvre les voies médiocres et nous met à l'ordinaire de je ne sais quel train-train bigot!

Notre conscience nous le dit clairement : une religion qui laisse l'homme tel qu'elle l'a pris, n'est pas une religion.

Les incrédules honnêtes valent mieux que les demi-chrétiens. Au moins ils obéissent à leur conscience.

L'incrédule honnête! je pourrais dire l'honnête musulman.

Là, dans ce caractère de l'honnêteté, réside l'explication du fait qui a si souvent étonné, qui a presque scandalisé les voyageurs.

Les Turcs mahométans, pris dans leur ensemble, valent mieux que les chrétiens orientaux. Il faut en rougir, il ne faut pas s'en formaliser. Ces Turcs croient ce qu'ils croient ; et ces chrétiens, la plupart du moins, ne croient pas ce qu'ils ont l'air de croire. Les uns ont foi dans leur foi ; les autres n'ont retenu du christianisme que le nom, avec quelques pratiques extérieures, que nul ne prend au sérieux.

Soyons-y attentifs. Ce qui se passe en Orient, pourrait bien se passer aussi dans notre Europe.

Les chrétiens, en Europe comme en Orient, peuvent devenir, selon l'état de leur santé morale, ou la grande objection contre l'Évangile, ou sa grande démonstration.

Des chrétiens objectifs, il y en a chez nous tant qu'on en veut. Et plus d'une âme droite, qui prenait le bon chemin, s'est arrêtée, voyant la foi chrétienne se traduire en formes, en étroitesse, en raideur, en orgueil dévot, en jugements peu charitables ; au lieu de produire le miracle attendu, le miracle nécessaire du renouvellement chrétien.

Elle le produit, grâce à Dieu. Consciencieuse, elle assainit l'âme. Or, la santé est le roi des arguments. Entre plusieurs systèmes médicaux, décidément le meilleur, c'est celui qui guérit.

L'Évangile guérit. L'Évangile de Dieu répare le mal que fait l'Évangile des hommes. Par lui de grandes consciences sont incessamment formées. Par lui, la conscience a reçu, il y a dix-huit siècles, de la bouche de quelques Galiléens ignorants, des lumières que les Platon ne possédaient pas. Par lui, la conscience s'est tellement développée, pendant ces dix-huit siècles, que, si l'on dressait aujourd'hui le catalogue des règles morales acquises au domaine commun et qu'admettent d'instinct les hommes de notre temps, on resterait émerveillé du chemin que l'Évangile nous a fait parcourir.

L'Évangile, c'est-à-dire la santé, communique sa force à nos joies.

Il y a des joies pleines de santé; c'est la conscience chrétienne qui les donne.

On se trompe étrangement, quand on suppose que les vies consciencieuses se reconnaissent à leur visage renfrogné. Je dirais volontiers le contraire, et que l'habitude d'obéir simplement à ce qui est bon, fait entrer la joie chez nous, parce qu'elle y fait entrer la paix.

Le poëme des joies se chante là, dans les vies vraiment chrétiennes. C'est une perpétuelle allégresse de l'âme, de l'âme jeune, vivante, ardente. Il y a des plaisirs, et de francs rires, et les éclats des gaietés innocentes qui plaisent à notre Dieu.

Allez, vous pouvez m'en croire, ce n'est pas le chrétien consciencieux qui adressera au Père céleste cette plainte du fils aîné de la parabole : « Tu ne m'as jamais donné un chevreau pour me réjouir avec mes amis[1]! »

L'Évangile, c'est-à-dire la santé, communique la force à nos douleurs.

Il y a des douleurs sérieuses et vraies; c'est l'Évangile qui les donne.

Nous avons à mettre de la conscience dans nos douleurs.

Avec la conscience, point de ces légèretés féroces qui refusent de s'attrister, qui veulent se dérober à tout prix et en dépit de tout.

Se dérober! et après?

Écarter les idées qui pourraient assombrir; rebuter la souffrance, le devoir, la mort! et après?

La vie est-elle encore la vie, lorsque nous en avons ôté les douleurs? Nos joies sont-elles encore des joies, quand nous avons repoussé l'épreuve? Le chagrin une fois supprimé, en sommes-nous plus gais? Non. L'épreuve de-

---

1. Évangile selon saint Luc, XV, 27.

meure, seulement les fruits de l'épreuve ont disparu.

Dieu nous afflige pour que nous soyons affligés. Nous nous arrangeons pour ne pas l'être, ou pour l'être « en vain [1] ».

Nous nous desséchons, nous nous appauvrissons ; nous descendons au rang de ces êtres infortunés qui oublient leur âme, et qui se croient heureux, parce qu'ils sont parvenus : *à se distraire!*

Ayons des douleurs vigoureuses, des douleurs profondes, des douleurs durables ; ayons des douleurs qui regardent en haut ; des douleurs qui pleurent avec ceux qui pleurent ; et pour cela, je le répète, mettons de la conscience dans nos douleurs [2].

---

1. Galates, III, 4.
2. L'auteur dit ailleurs à propos de l'amour et des douleurs que l'Évangile nous a révélés : « Le vieil égoïsme en frémira : la vieille sainteté, par voie de mutilation, s'en indignera ; le vieil homme, en un mot, regrettant les sérénités païennes, s'efforcera de les retrouver et de se délivrer des affections ;

Maintenant, je retourne à la vie; à la vie toute pénétrée de santé morale; à la vie chrétienne dans son ampleur et dans sa beauté.

Vivre sincèrement, d'une vie salubre, où rien de bon n'est détruit, d'où la conscience n'a retranché que le mal, où les nobles développements de la tendresse, de l'esprit, de l'imagination, du dévouement, où l'activité scientifique, où l'action patriotique se sont fait une place; vivre de cette vie étrangère à tout ascétisme, gouvernée par l'énergique morale de l'Évangile, c'est vivre au grand soleil, et l'on en vient, je le dirais presque, à ne plus distinguer entre les devoirs et les plaisirs, tant le

---

mais l'Écriture continuera à protester contre ceux qui disent : ce qu'on ôte aux créatures, on l'ôte à Dieu. Par elle, nous savons que mieux on aime Dieu, mieux on aime les créatures; l'amour de Dieu n'exclut rien de ce qui est bon; à mesure que le cœur grandit, ce qu'il renferme grandit avec lui. » — « La sobriété dans les affections ne nous est que trop recommandée, et j'ajoute qu'elle n'est que trop pratiquée aussi. Les deuils sont courts, les consolations sont promptes, les morts sont bien morts. »—*La Famille*, tome II, chap. VII, Paris, Michel Lévy.

bonheur — le vrai — s'y est révélé dans son intime union avec le bien.

A la vue de ces enthousiasmes, de ces vaillances, de ce bon travail par la foi, par la soumission, dans la paix et dans la joie, je ne puis pas ne point m'écrier : la vie est belle!

Oui, elle est belle! De même qu'il est beau, aussi, cet Évangile qui ne mutile quoi que ce soit, et qui transfigure tout.

La vie est belle! Au travers des combats, au travers des blessures, la vie est belle, lorsqu'elle a conquis ce qu'il y a de plus beau sur la terre : le privilége de servir la justice et la vérité. La vie est belle, lorsqu'elle aboutit à ce que notre pensée peut concevoir de plus beau dans l'avenir : la communion parfaite avec Dieu, l'absolue délivrance du mal, l'éternité de l'amour. Aucun terme ne saurait peindre la majesté, le rayonnement d'une telle vie, quand la foi en Christ y est entrée, quand l'amour de Christ l'a réchauffée, quand les misères et les splendeurs de la destinée humaine s'y sont révélées, quand nos tendresses l'ont émue, quand on y a compris, au pied de la croix, ce que c'est que la conscience et ce que c'est que le devoir [1].

L'Évangile une fois dans le cœur, il n'existe plus, ni d'espérances trop vastes, ni de trop hautes ambitions. L'infini s'est ouvert.

Cela fait du bien de s'établir là, en pleine indépendance, en pleine joie, en plein devoir, en plein ciel.

---

1. Encore un coup, réservons le droit des malheureux. Il y a des blessures qui tuent sans qu'on puisse en mourir. Pour de telles infortunes, la vie est une résignation. N'en demandons pas plus.

XII

CONCLUSION

Le combat nous attend, nous autres soldats de la Bible.

Le combat pour notre conscience et pour notre foi.

Aurons-nous une rencontre loyale, à visage découvert? Les positions seront-elles nettes et les opinions tranchées? Verra-t-on, au contraire, une mêlée confuse?

L'avenir répondra.

Si les opinions se faisaient sincères, si les situations se dessinaient clairement, ce serait une très-grande victoire remportée par la conscience.

Je n'ose, pour mon compte, regarder le progrès comme certain; encore moins comme accompli.

Je vois trop de gens qui aiment le demi-jour; je vois trop de dispositions — et cela dans tous les domaines — à nier peu, affirmer peu, se décider peu. Il est une sorte de compromis entre le faux et le vrai, entre la croyance et l'incrédulité, entre le bien et le mal, entre le monde et Christ, où plus que jamais, on tient à se réfugier.

Je m'écrierais volontiers avec le poëte :

Pas un homme complet, pas un seul, c'est pitié !
En vertu comme en vice, ils font tout à moitié !

Si les ennemis de la Bible conservent certains dehors respectueux, s'ils gardent le nom des vérités tout en jetant les vérités par-dessus bord, le combat sera plein de périls.

La négation hypocrite qui prétend maintenir l'Évangile, tout en le sapant en dessous, m'effraye bien plus que la négation franche qui va droit son chemin, démolissant à grand bruit devant elle..

Quoi qu'il en soit, souvenons-nous du triple témoignage de la conscience.

Trois fois la conscience, appelée à se prononcer sur le christianisme, en a proclamé la divinité.

Nous cherchions la vérité, notre conscience nous a montré l'Évangile. La vérité trouvée, nous en désirions la possession, notre conscience nous a montré l'Évangile. La vérité devenue maîtresse de notre âme, restaient les applications, la vie, les luttes, le devoir, notre conscience nous a montré l'Évangile.

Ce que la conscience nous dit, j'aurais voulu le traduire en un langage plus consciencieux.

Si j'ai froissé des âmes que je désirais attirer, je leur en demande pardon.

Si j'ai fait tort au vrai en essayant d'en dégager l'éclat, si j'ai desservi l'Évangile en m'efforçant d'en montrer l'excellence, j'en suis très-repentant et très-humilié.

En tout cas et malgré tout, je crois qu'il y avait, j'espère qu'il y a ici : une conscience parlant à des consciences.

APPENDICE

CE QUI BLESSE LA CONSCIENCE [1]

---

[1］ Sous ce titre, quelques notes dictées par l'auteur, se sont groupées au fur et à mesure de sa pensée. Le travail sur la conscience était rédigé, mais le sujet restait vivant; nos négations, nos défaillances, nos corruptions le rendaient parfois oppressif, et la vérité jaillissait alors en paroles brûlantes de ces lèvres qui ont pu dire sincèrement : Il y a ici une conscience qui parle à des consciences.

I

LES PHILOSOPHIES

La conscience est blessée par les *a priori*. Par ceux des croyants, comme par ceux des incrédules.

Les questions de raisonnement deviennent des questions de conscience, lorsque, en vertu d'un acte arbitraire de notre volonté, nous nous dérobons aux règles les plus élémentaires de la raison.

Proclamer d'avance le surnaturel inadmissible, proclamer d'avance le surnaturel évident, c'est porter à la conscience un même coup.

L'*a priori* est immoral ; le refus d'examen est immoral. Tous deux témoignent d'un absolu mépris pour la vérité. Tous deux signifient ceci : Vrai ou faux, j'admettrai ce qui me plaît, je rejetterai ce qui me déplaît !

Impossible de renier plus effrontément la conscience.

Aucune opération de l'esprit ne pourra jamais séparer ces deux termes, qui n'en font qu'un : la conscience et l'examen.

La conscience est blessée par les *partis pris*.

Fausser les lois de l'intelligence pour arriver à un résultat que nous sommes décidés à atteindre coûte que coûte, c'est commettre un acte malhonnête au premier chef.

En politique, le *parti pris* ferme l'oreille aux arguments des adversaires ; il n'écoute que sa solution, à lui.

En matière de finances, le *parti pris* ferme les yeux aux laideurs des affaires véreuses ; il ne voit que son intérêt, à lui.

En religion, le *parti pris* ferme tout, portes

et fenêtres; il ne voit, il n'entend que ce qu'il a résolu, lui, d'entendre et de voir.

En matière de croyances personnelles, le *parti pris*, lorsqu'il croit, exécute fréquemment un saut périlleux qui laisse la conscience sur le carreau. Il se jette du scepticisme dans la foi, de propos délibéré, sans abandonner un seul doute, sans acquérir une seule conviction, niant comme philosophe ce qu'il admet en qualité de père de famille, démolissant Dieu dans son cabinet, adorant Dieu dans les cathédrales, maintenant l'incrédulité de tête, prétendant au christianisme du cœur.

Que devient la vérité, que devient la conscience? demandez-le au *parti pris*[1].

---

1. Gassendi est d'un côté matérialiste, partisan d'Épicure; de l'autre, prêtre chrétien et même croyant.

Hegel a tout renversé; et l'on assure que sorti de son cabinet, qu'entré dans une église, il avait de la foi.

Dans un autre genre, voyez Victor Jacquemont, un des douteurs les plus impitoyables de notre temps. Victor Jacquemont avoue son faible pour le catholicisme, il proclame son horreur pour le protestantisme, consentant bien à ce que la religion soit le fait du sentiment, mais détestant qu'elle soit la conquête de l'examen.

Je ne crois pas qu'on puisse imaginer une attaque plus di-

La conscience est blessée par certaines philosophies.

Quand les idéalistes d'une part, et de l'autre les sceptiques : Berkeley, Hume, Stuart-Mill, nient l'existence des corps ; lorsqu'au lieu de la réalité de la matière ils nous donnent les impressions de notre esprit ; quand ils nous défendent de conclure de la perception au fait, nous interdisant de sortir de nous-même ; il faut les renvoyer à Molière, au mariage forcé et à la réfutation de Marphurius.

Trouvez-moi un de ces hommes-là qui n'étende point le bras pour écarter un obstacle, qui ne fasse point un détour pour éviter un trou !

Trouvez-moi un de ces philosophes qui, pour nier la matière, n'ait point pris une plume matérielle, ne l'ait point trempée dans de l'encre matérielle, n'ait point corrigé des épreu-

---

recte à la conscience, un dédain plus complet de la vérité que cet arrangement à bien plaire, qui assure une égale tranquillité aux philosophes résolus de nier, sans trop se compromettre ; aux croyants résolus d'affirmer, sans rompre avec les beaux esprits.

ves matérielles sur du papier matériel, n'ait pas, en un mot, cru, absolument, continuellement, à la chose qu'il fait profession de nier!

On en peut rire; les subtilités, même les absurdités, n'empêchent pas d'être honnête homme; mais le mensonge du raisonnement est là, et la conscience a reçu le pavé!

La conscience est blessée par le positivisme.

Lorsque celui-ci, supprimant l'homme après avoir supprimé Dieu, nie la liberté, nie la volonté, nie la personne, et met carrément une machine à la place d'un individu; le sens moral se révolte, et le bon sens en fait autant.

Le positivisme invoque les statistiques et la régularité presque immuable de leurs chiffres!
— Or cette immutabilité varie d'une époque à l'autre, varie d'un pays à l'autre, selon que l'Évangile est accepté, selon qu'il est rejeté par les populations. Les crimes, leur nature, leur fréquence, tout a changé. Sans une intervention morale et libre, expliquez ce change-

ment! Arrivez, sans cette intervention, à autre chose qu'à une progression invariable : ascendante ou descendante! Une fois le sens moral disparu, une fois l'âme remplacée par le mécanisme ; dès que ces déterminations ne sont plus que des résultantes au lieu d'être des actes de notre volonté, je vous défie de produire une seule des modifications profondes, aucun des brusques revirements que nous montre l'histoire du genre humain. Les mobiles, en bien ou en mal, s'ajoutant sans cesse d'après une loi mathématique, votre humanité qui n'est qu'une bille, roulera dans le sens de l'impulsion première, toujours, forcément, sans qu'un accident l'arrête ou la détourne ; car un accident, c'est une cause, c'est une action, c'est une volonté ; et il n'y en a point !

Allez au bagne, allez dans les prisons, allez nier le libre arbitre écrit en caractères tragiques dans ces vies tourmentées de tentations, travaillées de luttes, éclairées par des retours de conscience, obscurcies par des défaillances de volonté, dévorées par le remords ; et, en présence de ces hommes que le souvenir de certains actes fait frissonner, établissez votre théorie de la machine humaine!

Vous-même, ne vous repentez-vous jamais? Votre responsabilité ne vous a-t-elle jamais pesé? Ce mot : j'ai eu tort! ne s'est-il jamais trouvé sur vos lèvres? Cette pensée : j'ai mal fait! n'a-t-elle jamais agité votre esprit?

Mais, dites-le-moi, aimez-vous quelqu'un, par hasard? — Non, ce n'est pas possible. Une machine qui aime une machine! a-t-on jamais vu cela!

Estimez-vous quelqu'un, blâmez-vous quelqu'un? — Quoi, estimer, blâmer des engins qui nécessairement, mécaniquement, cèdent à un mouvement fatal, fatalement transmis! Vous n'y avez jamais pensé.

Vous ne dites jamais : Je veux! ou : Je ne veux pas!

Lorsqu'il s'agit de prendre une détermination quelconque, vous ne considérez jamais le pour et le contre! Vous laissez vos enfants se marier à l'aventure, vous laissez votre argent se placer ou se déplacer tout seul, vous laissez la vie faire de vous ce qu'exige l'inexorable loi des circonstances et des milieux; car essayer un mouvement, opposer une résistance, quelle est la machine qui l'oserait? La moindre réflexion que se permettrait votre intelligence, le plus petit bâton que glisserait votre main dans les rouages ferait tout sauter, à commencer par votre philosophie.

Quant au droit de punir les crimes, quant au droit de flétrir les infamies, vous y avez renoncé, cela va de soi. On ne châtie ni ne flétrit des engrenages qui moralement se valent, soit qu'ils fabriquent du bien, soit qu'ils fabriquent du mal.

Point d'éducation, puisqu'il n'y a point d'âme. De l'instruction, des habitudes, à la bonne heure : rien de plus. Faire intervenir la notion du devoir, la distinction du bien et du mal, ce serait mentir impudemment. Le devoir, le bien, le mal, supposent la conscience, supposent le libre arbitre; pour des machines, il n'y a ni bien ni mal, ni vrai ni faux; il y a un coup de poing déterminant qui part on ne sait d'où, qui vient on ne sait de qui, et l'objet lancé va, jusqu'à ce qu'un autre coup de poing, tout aussi énigmatique, s'abatte et l'arrête. C'est très-clair, très-logique et très-concluant.

De quel droit ces hommes-là raisonnent-ils? — et Dieu sait s'ils s'en font faute, — raisonner! avec quoi?

De quel droit jugent-ils tel ou tel acte, tel ou tel procédé?

De quel droit ont-ils condamné l'esclavage, la vente en détail des familles, les horreurs de la traite?

De quel droit blâment-ils ou approuvent-ils leurs enfants?

De quel droit stigmatiser les tyrannies, célébrer les libertés?

Enfants, despotes, négriers et coquins ne seraient pas en peine de leur répondre : Nous obéissons à la nécessité, les milieux nous commandent, le mécanisme va son train, nous ne saurions qu'y faire! — et tout est dit.

O Molière, encore une fois, où es-tu? Voici des gens qui refusent de voir en eux la raison, la conscience, le libre arbitre, la volonté! Et ces gens ont des opinions à eux; ces gens attaquent les idées d'autrui, ces gens défendent leurs pensées; ces gens accordent ou refusent leur approbation; ces gens, qui déclarent que l'homme ne peut rien vouloir et qu'il subit toujours, ces gens, par leurs discours, par leurs écrits, par le travail de leur vie entière, font un constant appel à la liberté de l'âme humaine, à sa volonté!

Comment expliquent-ils l'action directe, incontestable de l'Évangile? Qu'on l'étudie dans le monde, qu'on l'observe dans une famille, qu'on le suive chez l'individu, toujours il oppose au positivisme ce fait, incontestable, de rompre avec les milieux, avec les habitudes, avec les idées reçues, avec les instincts naturels, avec les répugnances du cœur corrompu, avec tout ce qui asservit, avec tout ce qui machinise.

L'Évangile pose son levier sur la conscience, et d'un seul effort la relève. L'Évangile pose son levier sur la volonté, et d'un seul effort lui communique une telle puissance, que la volonté régénère, c'est-à-dire retourne, convertit, transforme l'âme, le cœur, la vie, les actes; contrairement au passé, aux goûts, aux éducations, aux servitudes, aux paresses, aux dégradations. Et l'homme est joyeux, l'homme est heureux, l'homme est libre, l'homme est roi; jamais il n'a porté plus haut son noble front de maître; jamais il ne s'est mieux senti l'immortel enfant de Dieu.

Et les familles se redressent comme les individus.

Et les nations, comme les familles, émergent des bas-fonds à la lumière.

Et partout où la conscience humaine a reçu l'Évangile, on voit l'humanité combattre le mal, poursuivre le bien, se dégager de tous les esclavages, s'emparer de toutes les libertés.

Vous moquez-vous, d'ailleurs? Est-ce que je ne me sens pas, moi, libre et responsable, responsable et libre? Est-ce que l'observation intérieure, ce fait énorme, dont vous ne *voulez* pas tenir compte, ne me démontre pas, clair comme le jour *ma* conscience, *ma* raison, *mon* cœur, *ma* volonté?

Vous vous prétendez observateurs; vous prétendez faire de l'induction; et vous commencez par répudier les observations d'une certaine nature, celles qui portent sur l'homme intérieur ; et vous oubliez que sans ces observations-là, que sans les lois qu'elles nous révèlent, toutes vos observations extérieures deviennent impossibles, puisque l'être observant, c'est-à-dire l'être indépendant, n'existe pas ; tout raisonnement est interdit, puisqu'il n'y a pas plus de raison que de raisonneur.

Allez, nous sommes plus que vous de l'école expérimentale ; notre psychologie spiritualiste qui, loin de nier le principe de l'observation, le veut absolu, se montre plus baconienne que Bacon. Vous mutilez votre système, nous le refaisons complet ; vous l'étouffez en le bornant, nous lui rendons le souffle en lui ouvrant toutes les sphères d'examen.

Observons, je le veux, il le faut, je ne me passe pas plus que vous du témoignage de la lumière ; mais observons tout, partout. En dehors de cette condition-là, il n'y a qu'obscurité[1].

---

1. Maine de Biran est le chef de la nouvelle école de psychologie spiritualiste qui s'attaque à l'induction de l'école de Bacon.
Platon, Aristote, Descartes, Leibnitz, les Écossais, Jouffroy

La conscience est blessée par les philosophies qui rejettent l'Évangile, le déclarant impossible à croire, et qui admettent sans sourciller les énormités suivantes :

Une matière éternelle.

Qui s'est créée toute seule.

Qui s'est organisée toute seule.

Qui s'est donné des lois toute seule.

Qui a émis ce qui la dépasse, ce qui lui ne ressemble en rien : l'esprit, la conscience, l'affection.

Quoi! l'âme sortir de la matière! ce qui est libre, de ce qui est fatal; ce qui agit spontané-

---

et Cousin, ont en face d'eux les Positivistes et les Matérialistes, Littré et Stuart-Mill.

Ici, la recherche intérieure, l'examen de ce qui se passe dans l'homme, ces certitudes du dedans qui sont les premières de toutes, puisque sans elles aucune autre ne saurait exister ; là, une recherche purement expérimentale qui s'attache aux faits extérieurs et qui exclut l'étude des causes intérieures, des innéités, des instincts, des lois de la conscience et de la raison, de l'intelligence et du sens moral.

Ici, on aboutit à l'affirmation ; là, au scepticisme absolu.

Ici, on maintient le libre arbitre ; là, on soutient que l'homme n'est qu'une machine.

Maine de Biran a ramené plus que personne la philosophie à la conscience.

ment, de ce qui ne peut que recevoir et transmettre l'action; ce qui aime, de ce qui est étranger au sentiment; ce qui est moral et responsable, de ce qui ignore le mal et le bien! Vous voulez rire!

Point du tout, et ces gens là sont fort sérieux. Mais, comme ils sont aussi conséquents qu'ils sont sérieux, ils nient tout simplement ce qui les embarrasse : la conscience, les affections, l'esprit; et ne gardent que ce qui leur va : la matière.

Matière soit! Seulement je prendrai l'instinct, l'instinct maternel chez l'animal; ce petit fait, rien que lui; et je leur demanderai : Comment l'expliquez-vous?

Comment expliquez-vous cette tendresse, cette habileté, ces prévisions? Comment expliquez-vous ces soins préservatifs, ces sollicitudes alimentaires, ces douilleteries du nid?

Affaire d'hérédité, dites-vous!

Très-bien. Vous n'oubliez qu'un détail, qui a son importance : le premier couple. Sans le premier couple, les autres sont impossibles.

Il a fallu de toute nécessité, un premier couple adulte, parfait, muni dès la première heure de toutes les connaissances, de toutes les habitudes exigées par la faiblesse et l'incapacité des petits.

Or, ce premier couple, qui l'a créé?

Et nous revoilà dans les mains de Dieu.

La conscience, blessée par cette négation de l'âme, du cœur, de la raison, de la volonté, de la liberté, et d'elle-même, que lui opposent les philosophies incrédules ; la conscience regarde à l'histoire, *aux faits*, et trouve là sa guérison.

Elle voit, en dépit des climats, en dépit des races, l'Évangile, c'est-à-dire la puissance de Dieu, convaincre partout l'homme et partout le régénérer.

Quelques juifs apportent à la Grèce éprise de la forme une religion d'austérité, à la Grèce dégradée une religion de pureté, à la Grèce discoureuse une religion de devoir; quelques juifs apportent à Rome amoureuse de la force, à Rome débauchée, à Rome cruelle, une religion d'humilité, une religion de sainteté, une religion de bonté; et la Grèce, et Rome, et les barbares du Nord, et les peuples civilisés du Midi, quel que soit le sang, quelles que soient les latitudes, à mesure qu'ils reçoivent l'Évangile, se dépouillent de la férocité, se dégagent des corruptions inouïes, remontent les courants, poursuivent le même but [1]! Au contact du doigt divin, tout un échaffaudage d'infamies s'écroule. Toute une phalange de progrès jaillit du sol dès que l'Évangile l'a fécondé. La conscience, aux travers des siècles, suit et constate ce jet lumineux! Partout où il atteint

---

1. Ce mot : la Grèce, éveille la pensée de crimes monstrueux, accomplis généralement et sans remords.

Ce mot : Rome, éveille la pensée d'une société perdue, du divorce en permanence, des enfants abandonnés, de la cour infâme des Césars, des raffinements les plus ignobles du vice, d'un peuple qui ne reculait devant aucun attentat, que ne dégoûtait aucune turpitude, que ne révoltait aucune cruauté.

Titus, vainqueur de Jérusalem, le vertueux Titus donnait, en parcourant l'Asie, des jeux où s'entr'égorgeaient chaque fois plus de deux mille captifs.

Ce que Titus a fait, d'autres l'ont dépassé. Un fleuve de sang coulait dans le Colysée de Rome; un fleuve de sang coulait dans les cirques des provinces; l'empire baignait dans le sang.

Et la conscience publique ne s'en émouvait pas.

les âmes, des caractères sont créés, des héroïsmes se lèvent. Voyez les martyrs chrétiens, voyez nos huguenots : Du Plessis-Mornay, Jeanne d'Albret, Lanoue, tant d'autres, et les galériens de Louis XIV, et les prisonnières de la tour de Constance! Voyez, sur un autre rivage, les Puritains, ces vaincus qui ont fondé l'Amérique! Voyez de nos jours, les dissidents d'Écosse, ces familles qui, en plein hiver, abandonnent leurs presbytères et s'en vont à la grâce de Dieu; ces milliers de congrégations qui entrent résolûment dans la voie des sacrifices; ces sommes incroyables fournies chaque année, ces églises construites, ces écoles ouvertes, ces facultés de théologie instituées, ces œuvres de charité partout établies, croissant partout, avec les missions, avec l'expansion de la Bible, avec le renoncement, avec le dévouement chrétien!

Dans un temps comme le nôtre, passionné de jouissances, idolâtre d'argent, la conscience, cette intègre observatrice, trouve que de tels faits donnent aux philosophies incrédules et matérialistes un éclatant démenti.

II

LES RELIGIONS

Les plus profondes blessures qu'ait reçues la conscience lui ont été faites par la religion; j'oserais presque dire, par la religion chrétienne.

Ce qu'il y a de pis au monde, c'est la corruption de quelque chose de bon. Les religions païennes ont gâté la conscience, le christianisme corrompu a failli la tuer.

Lorsque le catholicisme, au nom de la religion chrétienne, étale pendant des siècles les scandales des couvents et du clergé; lorsqu'il justifie les tyrannies et les injustices, lorsqu'il exerce des persécutions violentes, lorsqu'il travestit la Révélation, lorsqu'il invente une série de dogmes qui nous ramènent en pleine idolâtrie, lorsqu'il fabrique des procédés de salut; lorsque le protestantisme, à son tour, devient une institution politique, une morte orthodoxie; lorsqu'il se fait intolérant, formaliste, appui du despotisme gouvernemental; la conscience se trouble et se pervertit.

Dans quel état le long règne du catholicisme avait mis les consciences; il n'y a qu'à se reporter au XVIe siècle pour le savoir.

D'un côté, ce relâchement et ces mœurs dépravées qui n'étonnent plus personne; de l'autre, une Renaissance franchement païenne à laquelle se rattachent presque tous les hommes éclairés, à commencer par Léon X et bon nombre de ses cardinaux.

Mais, parmi les preuves de cet affaissement prodigieux des consciences, j'en connais peu de comparables aux trois ou quatre conversions successives de l'Angleterre, acceptant sans difficulté la religion prescrite par le souverain régnant : papauté du monarque avec Henri VIII, protestantisme avec Édouard VI, catholicisme avec Marie, anglicanisme avec Élisabeth!

Lors de l'avénement de Marie, le parlement et le clergé fournirent à peine quelques opposants à la restauration catholique.

Ah! par exemple, ce parlement qui acceptait le catholicisme de prime-saut, n'aurait pas du tout accepté l'obligation de rendre les biens qu'il avait pris au clergé. On obtint des bulles. On rassura les nouveaux possesseurs contre un changement de propriétaires, avant de leur demander un changement de foi. Tous adhérèrent! Leur religion, à la bonne heure. Leur argent, non.

Les pauvres gens furent, sous la Reine sanglante, les seuls martyrs ou peu s'en faut.

Et ce pays nous présente, aujourd'hui, un type achevé d'indépendance, de conviction, de *self government!*

Pourquoi? La véritable Réforme est venue, apportée par les dissidents, par les persécutés. Le catholicisme avait établi l'autorité romaine, celle qu'on accepte les yeux fermés. La Réforme a ramené l'autorité biblique, celle qui veut, pour être reconnue, que la conscience ait les yeux ouverts.

De nos jours, le concile se charge de blesser la conscience, et de la blesser à mort.

Voici des hommes qui déclarent qu'un concile général présidé par le pape est l'organe infaillible du Saint-Esprit; et ces hommes intriguent pour déterminer l'action du Saint-Esprit, et ces hommes recherchent l'intervention des gouvernements pour déterminer la marche du Saint-Esprit, et ces hommes protesteront contre telle ou telle décision du Saint-Esprit, et ces hommes, le moment venu, interpréteront la décision du Saint-Esprit dans un sens absolument contraire à son vrai sens !

Les respects de l'incrédulité pratiquante, envers le christianisme, infligent à la conscience une blessure empoisonnée.

Je veux dire cette vieille hypocrisie en vertu

de laquelle, les gens qui ne croient pas, font comme s'ils croyaient, saluent chapeau bas la religion qu'ils ont mise à la porte, et conservent soigneusement pour leurs femmes, pour leurs enfants, pour le peuple et pour la paix publique, les mensonges — il faut mettre le nom sur la chose — dont ils ne veulent pas pour eux.

Ceux-là communient à certaines époques, assistent parfois au culte, font baptiser leurs fils et leurs filles, se munissent des derniers sacrements à l'heure dernière ; ceux-là se scandalisent très-fort, lorsqu'un douteur intègre, M. Sainte-Beuve, par exemple, refuse courageusement, honnêtement l'extrême-onction : ce passe-port délivré par une religion dont il ne reconnaît plus l'autorité.

Mépris pour l'âme humaine, mépris pour la vérité, chaque acte religieux pratiqué par l'incrédule signifie cela. La religion à laquelle on ne croit pas, et dont on fait un moyen de gouvernement, un moyen de répression, un suppléant à la gendarmerie ; c'est tout simplement le *mensonge utile* remis en honneur. Je ne vois pas de quel droit ces gens-là font la guerre aux jésuites.

Le christianisme *libéral*, proche parent de l'incrédulité respectueuse, ne ménage pas mieux la conscience.

Et d'abord, pourquoi libéral, en quoi libéral?

Il n'y a qu'une liberté, celle qui apporte la délivrance du mal. — « Où est l'Esprit du Christ, là est la liberté [1]. » — La liberté, la voilà. Soumission à la vraie autorité, indépendance vis-à-vis des faux pouvoirs, ne la cherchez pas ailleurs.

Libres! — Nous qui reconnaissons l'autorité de la Révélation, nous qui voulons obéir à la Révélation, nous sommes plus libres, nous sommes plus libéraux que vous. Nul ne considère de plus haut que nous les directeurs, les traditions humaines, les croyances toutes faites, la commode acceptation des inertes orthodoxies, l'abdication de ces âmes pares-

---

[1]. II, Corinthiens, III, 17.

seuses qui, renonçant à la fatigue suprême, la recherche du vrai, s'échouent pour en finir dans le scepticisme ou dans la foi.

Nous connaissons, nous pratiquons le rude métier d'hommes libres. Les hommes de la Bible, les peuples de la Bible savent ce que c'est; je crois que tous ont fourni leurs preuves en fait de liberté.

Que deviendrait la liberté livrée aux *libéraux* : la liberté sans l'autorité, la liberté sans la foi? l'avenir le dira.

En attendant, voyez un peu ces *chrétiens* — car ils tiennent au nom — qui rejettent tout ce qui constitue le christianisme.

Ils croient en Dieu! et nient le surnaturel; c'est-à-dire qu'ils détruisent Dieu.

Ils affectent d'admirer Jésus! et nient tout ce que Jésus a déclaré sur lui-même; c'est-à-dire qu'ils font de Jésus, ou un insensé, ou un blasphémateur.

Ils invoquent la Bible! et nient la vérité de son contenu, c'est-à-dire qu'ils font du livre divin un recueil d'absurdités.

Ils prononcent des prières! et nient l'intervention du Tout-Puissant dans les affaires d'ici-bas; c'est-à-dire qu'ils se moquent et d'eux-mêmes et du Tout-Puissant.

Ils se posent comme les hommes de la conscience, comme les hommes du devoir! et nient le péché, nient la conversion ; c'est-à-dire les affirmations les plus éclatantes de la conscience, c'est-à-dire l'essence même du devoir.

Cela fait, les *chrétiens libéraux* prennent des attitudes mystiques, considèrent la larme à l'œil ce pauvre Évangile qu'ils ont mis en lambeaux, et nous apprennent ceci : que l'Évangile n'a pas de réalité objective, mais qu'il répond à des besoins subjectifs! que l'âme humaine ne saurait se passer de religion; qu'elle demande une certaine dose d'idéal ; que c'est dans la proportion où un individu, où un peuple est religieux qu'il est libre, qu'il est moral; que, par conséquent, il faut lui donner du dogme, qu'il faut lui administrer de la révélation, suivant ses appétits ! — Et voilà de nouveau le mensonge à la base de tout l'édifice moral, de tout l'édifice social.

Étonnez-vous après cela des ébranlements.

Étonnez-vous que les âmes indignées, épouvantées, se jettent en plein despotisme romain. Battus de la tempête, déchirés par les douleurs, hantés de ces *pourquoi* terribles que chaque tombe en se fermant déchaîne sur notre cœur ; étonnez-vous que des hommes sérieux, que des hommes de devoir et jusqu'à un certain point de conscience, se précipitent vers une autorité quelconque, acceptent une religion inacceptable, croient, subissent, pratiquent la tête dans un sac, plutôt que de se résigner à cette Révélation qui n'en est pas une, à ce Sauveur qui n'en est pas un, à ces prières qui n'obtiennent rien, à ce Dieu qui dort on ne sait où !

La Réforme, quoi qu'on en ait dit, n'a rien à faire avec le christianisme libéral. Le *libéralisme* — pris dans le sens théologique, actuel et faux du mot — n'est pas la conséquence du principe réformé ; il en est la négation. La Réforme a ramené les âmes à la foi, à la grâce, à la Bible, trois choses absolument antipathiques aux libéraux.

En fait d'autorité — le monstre par excellence pour tout libéral — montrez-m'en une comparable à celle que la Réforme a retrouvée et remise en vigueur : l'autorité du livre qu'aucune tradition, qu'aucune interprétation ne modifiera jamais! Montrez-moi, ici-bas, un pouvoir plus absolu, un maître plus exigeant! Et découvrez, si vous le pouvez, des soumissions, des renoncements pareils à ceux des vrais hommes libres, des enfants de la Bible et de Dieu!

Ne laissons donc mettre au compte de la Réforme, ni les négations audacieuses, ni les négations doucereuses, ni pas une des énormités qu'elle rejette avec horreur et qu'on cherche à lui endosser.

Les Églises nationales — il faut rendre à César ce qui appartient à César — ont, avec l'Église catholique, préparé ce perpétuel divorce entre les actes et la foi, qu'on appelle libéralisme, et par où la conscience est si grièvement blessée. Leur principe et leurs coutumes, qui supposent une conviction universelle, ont universellement accoutumé les hommes à trahir leur conviction.

Le vieux mensonge païen, celui qui avait porté tant de coups à la conscience antique, s'est par là continué, sous la forme chrétienne.

L'Évangile et la conscience affirment que la croyance est un fait personnel, que la conversion est un fait individuel; le paganisme et les Églises de multitude proclament une foi collective, attribut de tout citoyen. Ces dernières lèvent leurs catéchumènes aussi régulièrement que l'État lève ses conscrits. Quels que soient les doutes, ou l'indifférence, ou la conduite, à seize ou dix-sept ans — à sept dans l'Église romaine — le fossé est sauté.

Ainsi des générations successives sont appelées à se déclarer convaincues sans l'être; ainsi la première communion sans la conversion — et nous savons si celles-là l'emportent sur les autres — ouvre la porte à toutes les méprises de l'âme, pour ne pas dire à toutes ses duplicités; ainsi l'homme qui n'est pas chrétien se fait marier en chrétien, fait en chrétien baptiser ses enfants, reçoit la cène en chrétien, pratique tout, ne croit à rien, prend Dieu à témoin de ses hypocrisies, s'y établit en paix, y vit, y dort, y meurt; et ne se doute pas qu'en agissant de la sorte, il devient un des plus terribles agents de cette perversion morale sous l'incessant travail de laquelle notre société pourrit et périt.

A mesure que s'éclairent les consciences, elles voient là ce qu'il y a : un scandale; et, par ce qui leur reste de religion, elles rejettent la religion.

Mais, grâce à Dieu, les Églises nationales ne sont pas les vraies Églises de la Réforme.

La Réforme, dans tous les temps et dans tous les pays a produit ses témoins, a fourni ses représentants. Ceux-là, partout et toujours, sont retournés au modèle apostolique; ceux-là, partout et toujours, ont pris la Parole de Dieu pour unique règle de leur vie et de leur foi; ils ont rejeté la tradition, ils ont retrouvé l'Église. Par la profession individuelle, par la séparation de l'Église et du monde, par la séparation de l'Église et de l'État, ils ont rétabli la vérité.

Catholicisme, luthéranisme, anglicanisme, calvinisme sont à l'heure qu'il est battus en brèche et vont se démolissant. Une seule foi reste debout : la vieille foi des vieux réformateurs. Solidement appuyée d'un côté sur la Bible, de l'autre sur l'Église, elle se sait immortelle, et le prouve en vivant.

L'*Église d'État*, cette monstruosité, blesse plus à fond la conscience.

L'Église d'État demande l'appui du magistrat, le secours de l'épée. Quand elle ose et que l'heure est aux violences, elle demande la persécution. Par compensation, elle laisse l'État s'immiscer dans ses affaires ; et par calcul, elle protége à son tour l'État. Cet échange de bons services entre les despotismes et les clergés, mène droit les âmes en pleine incrédulité religieuse ; c'est bien le moins.

Des lois qui attachent certains priviléges à certaines croyances, des statuts qui frappent de défaveur certaines convictions, des mesures de répression qui vont gêner l'exercice d'une foi quelconque, des mesures de rigueur qui vont en châtier l'expression; des politiques de sacristie qui, au dehors et au dedans, poursuivent un but absolument étranger à l'intérêt loyal, honnête, avoué du pays; des magistrats civils qui mènent ou malmènent les questions religieuses, qui autorisent la fixation d'un dogme ou s'y opposent, qui tantôt protégent, tantôt régentent — et souvent tous les deux à la fois — l'Église qu'on appelle Église de Dieu; des czars, des reines qui sont les chefs nés de la religion; un empereur qui, par ses ministres, intervient dans les décisions de Rome, c'est-à-dire — pour les catholiques — dans les décisions du Saint-Esprit; voilà de quoi ruiner, et à fond, toute notion de vérité chez tout peuple consciencieux.

III

QUELQUES FAITS NATIONAUX

La conscience est blessée par tels ou tels procédés nationaux absolument contraires au sens moral.

Conversion sommaire des peuples barbares, à dater de Constantin; armées de moines lâchées sur les païens dont elles saccageaient les temples et violentaient les habitants; missions à coups de massue exercées en Phénicie sous les auspices de saint Chrysostôme, missions à coups de hâche exercées parmi les Saxons sous la paternité de Charlemagne, missions à coups de sabre exercées en Livonie et en Prusse par les chevaliers Porte-glaive; croisades contre les musulmans, qui, le plus souvent, aboutissaient au pillage des chrétiens et au massacre des juifs; croisades contre les Albigeois et les Vaudois, rondement menées à grand renfort de bûchers : autant de procédés qui sont de l'histoire, qui ont été des faits, et qui, de près ou de loin, attaquent la conscience, car ils sous-entendent le mépris de la vérité.

Même sous-entendu, moins sanguinaire, aussi funeste à l'âme, lorsque, de nos jours, les princesses allemandes qui prétendent à l'honneur d'entrer dans la famille impériale de Russie, se tiennent prêtes — retardant exprès leur première communion — soit à rester catholiques, soit à demeurer protestantes, soit à se faire grecques si quelque Grand-duc sollicite la faveur de leur main.

Même scandale quand les Bernadotte se font protestants en Suède, quand les fils d'un roi protestant ou catholique se font grecs à Athènes, quand la religion se fait partout la servante de l'ambition.

Et vous vous étonnez que les peuples ne croient plus à rien[1] !

La cruauté, cette école impie, ouverte ou maintenue tout au moins par les gouvernements du bon temps jadis, blesse au vif la conscience.

Qu'un arsenal, qu'un musée nous livre les secrets de la torture; en présence de ces raffinements sans nom, pratiqués à froid, savourés à loisir, tout notre être s'exaspère et proteste.

Au temps dont je parle on ne s'exaspérait point, on ne s'indignait même pas; on allait voir écarteler comme on va voir courir, et l'on s'en revenait au petit pas de sa mule, content du bourreau, de ses valets et de soi.

Ces choses se passaient hier. Souvenez-vous de Damiens! Souvenez-vous des belles dames suspendues à ces agonies dont nous ne parvenons pas à supporter le récit!

Sans parler de la dépravation profonde opérée par de tels enseignements ; chevalets, te-

---

1. Voir note *F* à la fin du volume.

nailles, poires d'angoisse et le reste proclamaient ceci : qu'il n'y a ni juste ni injuste, car chacun le sent d'instinct, dès que la torture s'en mêle, le résulat ne peut plus être la découverte de la vérité ; ils proclamaient ceci : l'absolu dédain de l'âme humaine, car, au nom de la moralité, ils lui arrachaient le sens moral.

Notre temps n'a-t-il rien à se reprocher? Les exécutions publiques ne pervertissent-elles pas la conscience publique? Ne sait-on point quels propos s'échangent en face du couperet? Être libre, se sentir l'esprit allègre, le corps dispos, et se tenir là, les mains dans les poches, pour voir agoniser; cela fait-il des braves ou cela fait-il des lâches? Est-ce de l'humanité, ou de la bestialité?

Les combats de taureaux, cette sauvagerie féroce dont se repaît l'Espagne et que maintient son gouvernement, est-elle à la gloire de notre siècle? Favorise-t-elle l'éclosion des générosités, le développement du sens moral; ou réveille-t-elle les mauvaises voluptés, allume-t-elle la soif du sang, va-t-elle déchaîner cette brute, cette fauve que chacun de nous sent rugir et gronder au fond de son cœur ?

L'enseignement se retrouve, soyez-en sûrs. Aux jours de révolution, aux jours de *commune*, il montre les élèves qu'il a faits. Alors on voit des assassinats atroces longuement accomplis par tout un peuple, alors on voit des femmes acharnées au sang, alors on voit des enfants tuer pour se divertir, alors on voit que la conscience n'est pas impunément pervertie par les leçons que lui donne l'autorité[1].

Et croyez-vous que la guerre légèrement déclarée, croyez-vous que ce dédain pour la chair humaine qui implique la plus parfaite indifférence aux douleurs de l'âme, qui sous-

---

1. Supprimez dans nos villes les boucheries et le transport public des chairs sanglantes ; ayez des marchés spéciaux. Qu'on n'égorge plus dans les rues de nos villages, sous les yeux de nos enfants rassemblés. Vous ouvrez là des écoles de méchanceté, qui gangrènent la conscience. L'homme indifférent aux souffrances de l'animal, l'homme assez dépravé pour s'en repaître, l'homme assez perverti pour torturer lui-même, vaut un assassin ; fournissez-lui l'occasion, il le deviendra tout à fait. — Quant aux façons cruelles de tuer, il est grand temps d'y mettre un terme. Que la conscience publique s'émeuve et qu'elle en ait raison.

entend le plus complet oubli de l'Éternité, croyez-vous que de tels attentats ne démoralisent pas à fond?

Et les procédés que la guerre entraîne : tueries d'ennemis sans défense, coups de fusils tirés par derrière; et les Arabes enfumés; et les boulets qui enfoncent la glace après Austerlitz! cela fait-il vivre ou cela fait-il mourir la conscience d'un peuple?

Il n'y a pas trois jours, nous pratiquions la traite. S'inquiéter des massacres qui l'entretiennent en Afrique, s'inquiéter du désespoir de ces désemparés, de ces déchirés; s'inquiéter des tourments de cette marchandise noire, pantelante, étouffée, pourrie à fond de cale, jetée par-dessus bord dès qu'elle s'avariait ou qu'un surveillant de la mer paraissait à l'horizon; demander un réveil de la pitié, un effort, un mot, un vote : n'était-ce point passer pour un esprit chimérique, pour un pourfendeur de moulins à vent?

Rien ne se perd dans le monde moral, pas plus que dans le monde physique. Les exemples ne meurent pas plus que les idées.

Le sang inutilement versé par le pouvoir a disparu, vous le croyez ! nos places publiques l'ont bu, nos pavés l'ont recouvert, nos magistrats s'en sont lavé les mains, tout est dit ! Non, tout n'est pas dit, et une heure vient, toujours, où ce sang ressort, où ce sang bouillonne, où ce sang appelle un autre sang ; et c'est le peuple, l'élève attentif de la grande école du pouvoir, qui, de son talon, le fait jaillir du sol.

Toutes les fois que le représentant de la justice : le gouvernement, vole, ment, corrompt, oppresse, il assassine la conscience.

L'altération des monnaies jadis, l'État retranchant un quartier dans les temps plus modernes, la banqueroute totale ou partielle ; autant d'actes, qui d'un homme feraient un coquin. Que font-ils de cette collection d'hommes qu'on appelle gouvernement ? que mettent-ils devant l'âme ? qu'enseignent-ils au pays ? Les révolutions et les révolutionnaires pourront vous le dire au besoin.

Ils vous diront que les moyens infâmes employés en haut lieu, les lettres de cachet au siècle dernier, les *embastillements* sans procès et sans terme; de nos jours l'immorale action d'une politique sans scrupules; les faveurs scandaleuses, les violations du droit, le mensonge prenant partout ses entrées sous le nom d'habileté, la corruption électorale établissant l'achat, par conséquent la vente des consciences; ils vous diront que la police secrète, ce long crime destiné à prévenir les crimes, ces agents provocateurs qui ont intérêt à faire éclore le mal, ces camarades placés en prison auprès des accusés afin de les espionner, de les tromper, de les perdre; et, si l'on remonte quelques degrés sur cette sale échelle : les abus de confiance, les serviteurs déloyaux entretenus auprès des ministres, auprès des ambassadeurs; les lettres décachetées, copiées, recachetées; les existences louches et dégradées sous l'apparence de l'intégrité, de la sincérité; toute cette infernale boutique en un mot, foyer permanent de corruption, gâte le pays, crée un danger perpétuel, proclame à grande voix qu'il n'y a ni bien ni mal, ni vrai ni faux, ni sainteté ni perversion; qu'il y a quelque chose qui se nomme le pouvoir, et que, lorsqu'on le tient, tous les moyens sont bons pour le garder.

Ce n'est pas impunément non plus, croyez-moi, que la conscience voit les gouvernements fonder une partie de leurs revenus, les uns sur la loterie : l'Espagne, l'Autriche et l'Italie [1] ; les autres sur les maisons de jeu : le grand duché de Bade, le canton du Valais, Monaco ; ceux-ci sur la vente des eaux-de-vie : la Russie chez elle, la France à Taïti ; ceux-là sur le débit de l'opium : l'Angleterre aux Indes, l'Angleterre en Chine [2] !

Ne l'oubliez pas davantage, les gouvernements vont puiser leurs ressources en de pires égouts.

Que devient la conscience publique, que devient la pudeur publique, que devient l'hon-

---

1. Non seulement la loterie publique est autorisée en Italie ; non seulement le gouvernement perçoit un droit sur ce genre d'entreprise, mais le *monopole* lui en est exclusivement réservé, et c'est par *quatre-vingt millions* que l'on compte le bénéfice annuel que verse au trésor cette institution immorale, la ruine du pays.

2. Voyez note *F* à la fin du volume.

nêteté, lorsque des établissements innommables reçoivent un caractère officiel du gouvernement qui les impose, qui les autorise, qui les protége, qui les sanctionne, et qui encaisse sans rougeur ces écus chargés de boue et tachés de sang!

Soyez-en certains, sur cet argent-là, sur ces gouvernements-là, il y a de la malédiction [1].

Vous qui tolérez de tels marchés, vous qui autorisez ces ventes et ces achats de chair humaine, faites attention à ce que je vous dis!

Vous qui légalisez ce vaste assassinat des âmes, vous qui le supportez; au jour du jugement, vous répondrez des âmes assassinées. Prenez garde au jour du jugement [2].

---

[1]. En face de pareilles turpitudes, il fait bon se souvenir de cette parole d'un ministre d'État qu'on félicitait sur son avénement au pouvoir :
« Je ne suis pas au pouvoir, je suis au devoir! »
Je préfère ce viril accent à nos banalités sur le : *banc de douleur*.

[2]. Tout ce qu'on a dit de l'attentat que je signale, on l'a dit des maisons de jeu.
On a dit des maisons de jeu : qu'elles étaient un mal nécessaire. — Or le mal n'était pas nécessaire, puisqu'il a disparu et qu'on s'en est passé.
On a dit des maisons de jeu : que, si la loi les prohibait, des

tripots occultes, échappant à toute surveillance, viendraient les remplacer, et que, loin de guérir, la plaie grandirait. — Or la police, qui n'a le droit d'exister que pour découvrir les contraventions à la loi et pour les empêcher de nuire, met parfaitement la main sur les tripots, sur les tripoteurs, coffrant ceux-ci, fermant ceux-là.

On a dit : que, privée d'une satisfaction en quelque sorte normale et légitime, la passion du jeu s'exaspérerait, qu'elle prendrait des proportions effrayantes, que le nombre des joueurs, des dupeurs et des dupés décuplerait, que le jeu supprimé ferait plus de victimes qu'il n'en a fait, toléré ! — Or, il s'est trouvé, qu'affranchie d'une provocation continuelle, d'un incessant appel qui la créait lorsqu'elle n'existait pas, qui la réveillait lorsqu'elle était engourdie, qui, lorsqu'elle vivait et brûlait en surexcitait les ardeurs, la passion du jeu, si elle ne s'est point évanouie, ne s'est point accrue, que le nombre des joueurs et des victimes n'a point augmenté, et que l'occasion, ce diable toujours aux aguets une fois délogé, les allants et les venants, les indifférents, les passants qui tombaient dans ses piéges — tout au moins, ceux-là — lui ont échappé.

Examinez, *en conscience*, et tirez les conclusions.

IV

QUELQUES FAITS INDIVIDUELS

Les rois sont des individus, admirablement placés, convenons-en, pour sauvegarder ou blesser la conscience.

Quand les Valois, quand un Louis XIV étalent leurs adultères au plein éclat du jour; lorsqu'ils entourent cette fange de la considération publique; lorsque la position de maîtresse en titre, de fils adultérin devient un état, j'allais dire une vocation reconnue, brillante, rayonnante, proclamée, respectée; lorsque, sans scrupule et sans vergogne, avec une impudence qui n'a d'égale que l'orgueil, l'individu roi légitime son vice et le déploye en haut; l'individu peuple profite de la leçon, et la répète en bas. — Lisez l'histoire!

Tout écrivain est un professeur, tout artiste est, à sa manière, un orateur.

Quand le théâtre et les livres prennent à tâche de remuer les lies du cœur; quand l'impureté, sous tous ses aspects, en fait l'éternel fond; quand le vice, à toutes les sauces : tantôt frivole et grotesque, tantôt sérieux et gourmé, forme l'unique plat du menu; lorsque les expositions de peinture, sous prétexte de retour au vrai, lorsque les expositions de sculpture, sous prétexte de retour à l'antique, placent devant nos regards, c'est-à-dire devant nos âmes, des images vicieuses, provocatrices au mal; quand la musique se fait ignoble, quand ses phrases moqueuses, triviales et débauchées, je n'ai pas d'autre mot, vont rabattant l'esprit au lieu de l'élever; pensez-vous, dites-le moi, que ces discours-là restent sans action sur un peuple? Ne voyez-vous pas que chacun entend, que chacun comprend et que la vie nationale en est empoisonnée parce que le sens national en est perverti[1] ?

L'industrie et les industriels ont blessé la conscience.

Ces fortunes immodérées, bâclées en un tour de main sous l'étouffante, sous l'impure atmosphère des manufactures n'étalent point leur luxe, sans que, par un juste retour, le spectacle des misères qui en ont favorisé la monstrueuse rapidité : travail forcé des enfants[2], travail forcé des femmes, destruction de la famille, dépravation de l'âme et délabrement du corps, ne sautent aux yeux.

Plus de foyer, plus d'éducation, plus de saines tendresses ! L'enfant, ce libre oiseau, encagé au sortir de l'œuf, loin du soleil, du grand air, des buissons et de la liberté, s'atrophie et se corrompt. La femme séparée du mari, la fille de la mère ; le logis froid, désert,

---

[1]. Visitez le musée de Madrid ; rappelez-vous le temps des Poussin, des Lesueur ; écoutez les Handel, les Beethoven ; ils vous diront d'où nous sommes tombés.

[2]. Ce travail, jusqu'à seize ou dix-sept ans, devrait être absolument interdit.

répugnant; l'homme au cabaret, parce qu'il n'a plus d'intérieur; des rapprochements longs et fâcheux imposés par les exigences d'un même labeur, tandis que la différence des aptitudes et des branches opère la division entre les membres d'une même famille : tout cela constitue un état de choses vicieux; et l'argent qui en sort, les grosses prospérités bruyantes qui émergent tout à coup de ces marais, ne contribuent pas, tenez-vous en pour certains, à rassainir la conscience publique.

Dieu merci, toutes les fabriques et tous les fabricants n'en sont pas là. On rencontre des industriels préoccupés du bien-être, de la moralité, de l'avenir de leurs ouvriers. Ceux-là, parce qu'ils respectent la conscience, respectent l'homme; ceux-là, plus pères que maîtres, protégent les familles; ils instruisent les enfants, ils organisent des intérieurs gracieux, ils ménagent au travailleur des moments où il est roi chez lui. Mais on les compte; et le sens moral ne vit pas d'exceptions.

L'argent—il faut, hélas ! y revenir sans cesse

aujourd'hui — l'argent, par ses origines, attaque la conscience et la laisse blessée.

Nous assistons à des tripotages honteux. Nous voyons des spéculations véreuses enrichir ceux qui les ont lancées et d'effrénés jeux de Bourse réussir. Tout à côté de ces fortunes scandaleuses, nous voyons des banqueroutes scandaleuses aussi, qui n'empêchent ni les jouissances ni la vie à fracas. On a trompé, on a infligé des pertes, on a jeté nombre de familles dans le désespoir; et l'on va grandes guides, sans tomber sous les coups de la justice — qui s'abattent dru comme grêle sur le voleur d'un pain — on va grandes guides, menant la grande existence des grands faiseurs!

Et la société accepte cela, et l'opinion ne se formalise point, et, une fois que le tour est fait, bien fait — n'oublions pas ce détail — le monde passe condamnation; tout sourit à ces gens-là!

Croyez-vous l'enseignement bon? Votre moralité, pour le recevoir chaque jour, s'en porte-t-elle mieux? Et, sans parler du socialisme, qui profite de la leçon, sans parler du discrédit que jettent de pareils hasards sur la propriété ; un trouble profond ne va-t-il point saisir au plus secret de nos consciences, ces fermes notions du bien et du mal que rien ne semblait pouvoir ébranler?

V

LA VITALITÉ DE LA CONSCIENCE

Lorsqu'on voit tout ce qui fait la guerre à la conscience : philosophies, religions, gouvernements, justices pénales, conflits entre nations, scandales donnés par les rois, vices pratiqués par les peuples, corruption dans les lettres, dans les arts, dans les mœurs; une pensée vient à l'esprit : il faut que la conscience soit bien fortement constituée, bien indestructible, bien divine, il faut qu'elle ait la vie bien dure pour subsister encore, en dépit de tant d'ennemis !

Et souvent même, elle dicte à ceux qui la

blessent des actes par lesquels elle prouve son impérissable autorité.

Ces pasteurs *libéraux* qui donnent leur démission parce qu'ils ne croient plus, ces laïques douteurs qui cessent de s'associer au culte parce qu'ils n'ont plus de convictions, ce pape et ces ultramontains qui vont droit devant eux, en plein abîme d'obscurité, malgré les avertissements des habiles; cette Église *libérale*, à Londres, l'*Église du Progrès*, qui, n'admettant plus la Bible, ne la lit pas; qui, ne croyant plus en Jésus-Christ, ne célèbre ni le baptême ni la cène; qui, n'ayant plus foi dans l'intervention surnaturelle de Dieu, ne prie pas; remplaçant des dévotions menteuses par quelques discours politiques ou sociaux entremêlés de concerts; tous ces actes, tous ces hommes obéissent à la conscience, car ils obéissent à la vérité.

Déplorons les tendances, je le veux; honorons l'intégrité, suprême triomphe du sens moral.

Par là, par ce retour au vrai, notre siècle se montre supérieur aux siècles précédents.

Chaque chose, aujourd'hui, prend sa forme et sa couleur. Les positions se font tranchées ; le catholicisme rompt nettement avec la lumière ; le scepticisme se déclare franchement irréligieux ; on voit des gens qui, ayant perdu la foi, ne font pas à Dieu l'injure de conserver l'adoration.

Le réveil du christianisme a produit ce réveil de la conscience.

Avant l'Évangile, tous les genoux fléchissaient, sans exception, devant les dieux du pays. Les plus incrédules, parmi les Romains et les Grecs, exerçaient sans scrupule les fonctions du sacerdoce. Il y avait au fond de l'âme humaine un mensonge permanent, un mépris universel à l'endroit de la religion. C'était le principe païen [1].

L'Évangile, révélation du Dieu de vérité, nous ramène forcément au vrai. Nous sommes, dans la proportion où nous croyons à l'Évangile, des hommes de vérité. Les nations, dans

---

1. L'extrême Orient soupçonnait seul autre chose. — Voyez le Bouddhisme.

la mesure où elles acceptent l'Évangile, sont des peuples de vérité; c'est-à-dire de lumière, c'est-à-dire de liberté.

Chez celles-là, non chez d'autres, naissent les progrès; chez celles-là, non chez d'autres, s'accomplissent des réformes qui ne sont pas des révolutions; chez celles-là, non chez d'autres, l'esprit de famille s'est développé, la littérature n'a pas sombré dans la boue, les arts ne se sont pas avilis; celles-là, non d'autres, ont retrouvé le principe chrétien par excellence : l'Église indépendante, l'Église séparée de l'État et du monde; ce sel de l'Évangile, ce puissant, ce magnifique triomphe de sincérité qui nous restitue la croyance individuelle, qui nous rend l'accord entre les actes et les convictions; qui est, à lui seul, une résurrection de la conscience!

La conscience, relevée, délivrée par l'Église libre, a librement déployé sa force. Missions, évangélisation, écoles du dimanche, écoles des déguenillés; guerre aux infamies sociales, guerre aux oppresseurs, charité collective, charité privée, tout a pris l'essor!

On nous déclare que le christianisme va mourir, qu'il est mort, que l'impiété a gagné la bataille, que les revues et les journaux démolissent à qui mieux mieux l'Évangile, que les savants lui ont dit son fait, qu'il n'y a plus qu'à l'enterrer !

J'aurais envie de répondre :

Les gens que vous tuez se portent à merveille !

Mais non ; je renvoie juges et sentences au XVIIIe siècle, à l'Angleterre et à Montesquieu.

La foi semblait si parfaitement détruite alors, qu'un observateur tel que Montesquieu pouvait s'écrier : En Angleterre, il n'y a point de religion !

Et c'était le moment où Wesley, où Withefield, saisissant la Bible, donnaient le signal du réveil qui a secoué le monde protestant, galvanisé le monde catholique, produit l'élan vers toutes les libertés. C'était l'heure du réveil qui a créé toutes les œuvres, du réveil qui va partout briser la monstrueuse union du spirituel et du temporel, partout régénérer l'individu, transformer partout les sociétés !

« Je suis vivant. J'ai été mort. Mais voici, je suis vivant au siècle des siècles [1] ! »

[1]. Apocalypse, I, 18.

NOTES

Note A

La conscience est le fond même de la liberté.
Au nom du devoir on résiste.

Les seuls hommes libres, sont les hommes du devoir.

Les seuls peuples libres, sont les peuples que l'Évangile instruit par la conscience à pratiquer le devoir.

Tant qu'il y a des consciences, c'est-à-dire des âmes qui se gouvernent elles-mêmes, en présence de Dieu, le despotisme est impossible.

La conscience est la base même de l'égalité.

Intelligence, santé, richesse, figure, éducation, milieu : autant d'inégalités.

Mais une conscience vaut une conscience.

L'Évangile, en mettant les consciences à l'air libre, a fondé la liberté et l'égalité.

Et par de là les courts horizons d'ici-bas, l'Évangile nous montre l'égalité suprême, la grande égalité des âmes toutes perdues par un même péché, toutes sauvées par un même sacrifice, toutes appelées à la même immortalité.

Note B

On a trouvé des débris humains dans les couches du terrain quaternaire, parmi des ossements d'animaux qui appartiennent à une époque antérieure, ou qui n'habitent plus nos régions.

Qu'est-ce que cela prouve? Ces hommes n'ont-ils pu vivre avant le déluge, au milieu de conditions qui étaient celles de l'Europe alors, qui ne le sont plus aujourd'hui? Et le déluge, justement, n'a-t-il pas été la conséquence d'un changement géologique mettant fin à l'ancien ordre de choses pour amener l'ordre nouveau?

On découvrait naguère, sous le sol de Marseille, des restes de vaisseaux phocéens. A ne consulter que leur situation en terre, à ne considérer que l'épaisseur de la couche dont ils étaient recouverts, on n'aurait pas eu de peine à parler de dix ou de vingt mille ans.

Or, la forme de ces vaisseaux fixant à la fois

leur origine et leur époque, il a bien fallu se renfermer dans les temps historiques, c'est-à-dire dans un espace très-limité.

Combien de raisonnements sur l'antiquité de l'homme, sur la position des débris, n'ont pas de fond plus solide !

On a établi la succession de l'âge de la pierre, de l'âge du bronze et de l'âge du fer.

C'est très-bien ; mais à l'heure même où j'écris, des peuplades considérables en sont encore à l'âge de la pierre !

Ces âges successifs ont donc pu vivre, ont vécu sur notre globe, simultanément, tous à la fois.

On a parlé d'interminables évolutions graduelles, en géologie ; et l'on a décidé qu'il ne pouvait exister, pour ces évolutions-là, ni changements brusques ni rapides changements.

On l'a décidé, mais on ne l'a pas prouvé.

Il est difficile d'admettre, par exemple, que les grandes formes des montagnes plutoniennes aient surgi lentement, et que, dans les couches neptuniennes, tant de créatures vivantes aient été saisies par les boues, sans qu'un tel envahissement présentât rien de brusque ou d'imprévu.

En tout cas, des modifications considérables peuvent s'opérer, tantôt avec une très-grande lenteur, tantôt avec une excessive rapidité.

Voyez les alluvions de l'embouchure d'un fleuve ! Certaines circonstances étant données, elles s'accroîtront plus en une année qu'en mille, qu'en dix mille ans, dans les conditions ordinaires des dépôts.

Les atterrissements dont on fait tant de bruit, ont donc pu suivre autrefois une marche infiniment accélérée, que rien aujourd'hui ne saurait rappeler.

Quant à la durée des époques géologiques, elle se détermine au hasard. Lyell parle de cent mille ans. — Des savants danois parlent de quelques milliers d'années.

Évidemment, la terre n'a pas dit son dernier mot.

Note C

Le rationalisme s'est indigné du *vol* pratiqué par les Israélites aux dépens des Égyptiens, lors de la fuite au désert : du *vol* et du *mensonge* ordonnés de Dieu.

Il n'y a pas plus là de tromperie que de larcin.

Nul ne s'est un instant mépris, en Égypte, sur les caractères du départ d'Israël. Tous les Égyptiens savaient, sans en excepter un seul, qu'Israël émigrait, qu'Israël ne reviendrait pas. Ce départ était tellement définitif, qu'une armée se mit à la poursuite du peuple déserteur.

Après la mort des premiers nés, le joug était rompu, la rupture accomplie. Les Égyptiens n'avaient plus qu'une pensée : se débarrasser au plus vite, à tout prix, de cet Israël que Dieu retirait par sa main forte et par son bras étendu. Et la rançon exigée ne représente que faiblement, si l'on veut compter, les travaux, les sueurs, les spoliations du peuple juif, pressuré par les exacteurs égyptiens.

Le rationalisme a voulu voir, dans l'ordre d'immoler Isaac, l'introduction, bien plus, la glorification du sacrifice humain.

Pour comprendre, il n'y a qu'à suivre simplement les détails du récit.

Dieu demande un acte d'obéissance absolue; Dieu met la foi d'Abraham au creuset. C'est tout.

Abraham le prend ainsi. Dieu est fidèle, Dieu n'a pas révoqué sa promesse; il l'accomplira.

« — Où est la bête pour l'holocauste? » demande Isaac.

« — Mon fils, Dieu se pourvoira lui-même de bête pour l'holocauste [1] ».

Ou Isaac ne mourra point, ou Isaac se relèvera par une résurrection.

Et Abraham poursuit sa route, affermit son cœur, « ayant pensé, en lui-même, dit l'Épître aux Hébreux, que Dieu pouvait ressusciter Isaac des morts ! [2] »

Il s'agit donc de traverser la fournaise de l'obéissance; il s'agit de marcher par la foi, en dépit de la vue.

Isaac, arrivé en Morija, le comprend comme Abraham l'a compris. Isaac, un homme fait, ne résiste pas un seul instant au patriarche, un vieillard: Il n'élève pas une réclamation, il se laisse docilement lier.

Ah c'est que lui aussi connaissait la promesse; lui aussi, il croyait; il savait qu'il vivrait; il savait qu'un innombrable peuple sortirait de lui; il se tenait prêt à franchir l'obscur défilé !

Nous connaissons Celui qui arrêta l'épreuve.

Et nous savons quel Père a sacrifié, réellement, son Fils.

---

1. Genèse, XXII, 7, 8.
2. Hébreux, II, 17.

Note D

Les jargons, le sérieux gourmé des paroles, les raideurs de la tenue, l'expression composée de la physionomie, le calcul au lieu de la spontanéité, le factice au lieu du naturel, l'uniforme en un mot, tout cela inquiète la conscience et lui déplaît parfaitement.

Elle aspire à la droiture partout : dans les actes, dans le langage, dans les regards, dans le son de la voix, dans les gestes, sur les visages, pour la forme et pour le fond. Elle veut que nous soyons nous-mêmes, et non pas une des mille photographies tirées d'après le modèle convenu.

L'affectation n'est pas de l'hypocrisie si vous voulez, elle n'est pas du mensonge non plus, elle est encore moins la vérité dans sa candeur.

Or, à la conscience, il faut la vérité.

Note E

Un fait prépare la crise. Le grand fait, en

vertu duquel les atteintes à la conscience sont bien plus graves, bien plus générales et plus dangereuses qu'elles ne l'étaient autrefois : le fait du nivellement.

Le nivellement démocratique qui met toutes choses à la portée de tous, qui place tous les esprits en face de toutes les négations, de toutes les ambitions, de toutes les corruptions, a produit ce résultat : que les incrédulités, jadis le privilége des classes privilégiées, que les appétits, que les vices renfermés dans la haute région — plus gâtée peut-être alors qu'elle ne l'est aujourd'hui — se répandent maintenant partout.

Il y a nivellement dans la conception et dans la pratique du mal.

Il y a effondrement des vieilles croyances héréditaires.

L'ébranlement est tel, qu'on rencontrerait difficilement son pareil dans l'histoire, depuis Jésus-Christ jusqu'à nous.

Aux heures les plus sombres du moyen âge, aux jours de triomphe les plus subversifs de la Renaissance, au moment où s'épanouissait le plus insolemment cet athéisme du xviii siècle qui n'atteignait guère que les sphères lettrées, on comptait encore un très-grand nombre d'hommes croyant. Le gros de la nation n'était pas empoisonné ; une sorte de foi traditionnelle, un reste de christianisme soutenait et vivifiait les consciences. Aujourd'hui, nous assistons à une débâcle.

Débâcle prodigieuse dans les pays catholiques et latins.

Ceci est un événement gigantesque. Des couches entières de la société, des nations entières se détachent du catholicisme qui s'écroule — moralement, entendons-nous — et l'écroulement du catholicisme entraîne avec lui la ruine de toute religion dans les pays latins [1].

De là, pour les consciences, un danger inouï. Dégoûtées de la tradition romaine, les consciences ont beaucoup de peine à en séparer l'Évangile, que la tradition romaine a défiguré. Il leur faudrait un viril effort, il faudrait un réveil puissant des âmes pour retrouver le vrai christianisme au milieu des ruines, pour le dégager et pour le ressaisir. Or, la conscience individuelle, que le catholicisme a paralysée, ne se retrempera pas dans l'incrédulité.

---

1. Notre rationalisme protestant marche dans le même sens ; mais il rencontre devant lui le solide rempart des Églises chrétiennes indépendantes ; il s'y brisera.

Et voilà pourquoi le catholicisme, qui fatalement, inexorablement, à mesure que se développent les intelligences et que s'éclairent les esprits, mène au doute, mène à la négation ; voilà pourquoi le catholicisme, ce soi-disant gendarme des sociétés, en est le révolutionnaire, ce conservateur de la foi en est le destructeur !

S'il s'agit de politique, nous assistons à une démoralisation non moins générale.

La corruption des consciences était poussée très-loin autrefois. Je ne le nie pas.

L'Angleterre de Walpole, la France du Régent, la Russie de Catherine II, l'Allemagne des petits princes qui copiaient les vices de Versailles, l'Espagne d'Albéroni et de la princesse des Ursins, nous offrent le spectacle parfaitement répugnant de la haute pourriture des hautes classes au pouvoir.

Mais, dans ce moment-ci, le nivellement des droits politiques opère le nivellement des corruptions politiques. Tous étant mêlés aux affaires de l'État, tous rencontrent les tentations qui s'y rattachent, et tous y cèdent, du plus au moins.

S'agit-il d'opérations financières ? Les vieilles

barrières qui en séparaient le gros de la nation sont tombées de nos jours. Tout le monde spécule. La modestie de certaines existences, de certaines professions, la sobriété, l'honnêteté, compromises par la soif des gains rapides, ont disparu, ou peu s'en faut.

Il y avait jadis des classes entières de la société, celle des notaires par exemple, dont la probité passait, à juste titre, pour un axiome proverbial.

Il y avait des maisons de commerce où se maintenaient les traditions d'exquise délicatesse, gardées et choyées avec un soin jaloux, comme la gloire même de la famille.

Il y avait des carrières bourgeoises, des carrières d'artisans, où l'on se contentait de minces profits, mais où la bonne et sévère conscience, de père en fils, conservait, sain et sauf, l'honneur du métier.

Il y avait des pays — la Suisse, l'Angleterre, la Hollande — où les mœurs nationales présenaient, en matière d'argent, des garanties appréciées de chacun.

Nous n'en sommes plus là.

Tous les gains s'offrant à tous, l'avidité a pris le pas sur l'honnêteté.

Nul ne se tient pour content. Vous ne trouveriez guère, pas plus au village qu'à la ville, des gens satisfaits de leur position, et des médiocrités simplement acceptées. La Bourse a des aboutissants jusque dans nos moindres bourgades, les placements hasardeux y sont connus et poursuivis.

Quand je pense à ce que deviennent, sous l'influence de ces facilités de spéculation et de cette ardeur aux coups de fortune, la plupart de nos populations rurales, en France, je ne trouve qu'un mot : matérialisme ! pour exprimer leur désastre moral.

Attraper en l'air des écus, acheter de la terre, augmenter son bien, voilà, du premier au dernier jour de l'année, le cercle dans lequel on vit. L'idée de Dieu s'en est retirée. L'âme ne bat plus même de l'aile. Quant à la conscience, à mesure que s'ajoutent les champs, elle perd du terrain. Dans les villes, ces désastres de la conscience prennent de plus vastes proportions, ils font plus de bruit, les grands éclats des grands scandales nous effrayent davantage ; mais soyez-en certains, le travail latent, secret, discret du matérialisme au milieu de nos campagnes, ce travail qui mine le sol en dessous nous prépare, si l'Évangile ne vient relever l'homme, des éboulements et des ruines sans nom.

Au surplus, le nivellement qui nous mène — dans les pays catholiques surtout — droit aux abîmes, crée moins le péril qu'il ne l'a manifesté.

Notre siècle de progrès hérite des siècles d'ignorance et d'oppression.

Le nivellement lui-même procède en droite ligne du despotisme : despotisme exercé sur les âmes, par le catholicisme romain; despotisme exercé sur les vies, par la tyrannie latine. Si l'affranchissement entraîne une épouvantable secousse, c'est que l'asservissement l'a préparée.

Élevez une plante en serre chaude, le jour où vous l'exposerez au plein air, elle courra risque de mort. Il n'est que les libres végétations pour résister à tout vent.

La crise actuelle des croyances et des consciences, l'écroulement qui menace notre vieux monde latin sont bien moins imputables au régime nouveau de liberté et d'égalité, qu'au régime ancien qui nous enfermait sous couche. Ni les individus ni les nations catholiques n'ont été préparées pour l'air tel quel, avec ses orages et ses soleils. Ce qui se tenait debout, quand aucun accident n'ébranlait l'atmosphère : les croyances impersonnelles, les pratiques extérieures, même de certaines honnêtetés qu'on gardait plus par habitude que par conscience, même de certaines modesties d'existence qu'on maintenait plus, faute de pouvoir enjamber les barrières, que par sobriété ; ces vertus et ces croyances qui valaient mieux que rien — et qu'on va regretter partout — au fond ne valaient pas grand'chose. Elles l'ont bien montré, puisqu'au premier choc de liberté et d'égalité, elles ont disparu.

Sous le régime du sacerdoce romain, les hommes n'ont rien appris de ce qu'on doit savoir pour se gouverner soi-même.

Dirigés à outrance, privés de la Bible, débarrassés de la responsabilité, menés aux lisières, sans relations directes avec Dieu, asservis au prêtre, inhabiles aux résistances comme aux décisions ; le jour où ils sont appelés à se mettre sur leurs pieds, à ouvrir les yeux, à marcher, le vertige les prend : ou bien ils se laissent choir, inertes, incapables ; ou bien enfiévrés, hors d'eux-mêmes, ils vont en insensés, saccageant tout au gré de leur folie.

Ah certes, si l'égalité, si la liberté nous amènent des périls, l'inégalité, l'asservissement en créent de bien plus graves. Mais dussent-ils, conjurant pour quelques heures le danger actuel, nous laisser dormir en paix, je les attaquerai pour ma part où que je les rencontre, car ma conscience les a condamnés.

Et toujours, et jusqu'au bout, je me réjouirai du nivellement dans les lumières, dans le bien, dans les routes ouvertes pour tous !

Note F

Sous ce titre : UNE LEÇON D'INCRÉDULITÉ DONNÉE D'EN HAUT, l'auteur envoyait en janvier 1852, à un journal religieux, les lignes que voici :

On écrit de Berlin : « Le prince Adalbert de Bavière va se fiancer avec la princesse Louise de Prusse. Toutefois, *les deux fiancés se convertiront d'abord à la religion grecque*, à raison de la succession au trône de Grèce, qui est réservée au prince Adalbert. »

Depuis que Henry IV a dit : Paris vaut bien une messe ! les imitateurs n'ont pas manqué. Pour gouverner un peuple, on s'est cru autorisé à adopter sa religion nationale comme on aurait adopté son costume : — Que vous faut-il ? un catholique, un protestant ou un grec ? Nous sommes prêts, nous nous mettrons à la mode du pays.

Si je rappelle l'universalité de l'usage, c'est afin de prouver que mes observations s'appliquent au principe et non aux personnes. Hélas! le jeune prince et la jeune princesse dont on annonce — puisse-t-on l'avoir fait à tort — la conversion politique, ne se rendent certainement pas compte de l'énormité morale d'un tel acte. Leur conduite ne s'explique, je dirai presque ne s'excuse que trop par la fréquence des exemples qu'il ont sous les yeux. Il y a force de chose jugée.

Laissant donc les individus, pour lesquels je me sens plein de respect, je vais droit au fait. Or, le fait est odieux. Jamais on ne l'aura trop flétri.

Vous, gouvernements, vous vous plaignez de l'incrédulité du peuple, et vous prenez soin de donner vous-mêmes, au peuple, de pareilles leçons d'incrédulité! Vous vous indignez en haut lieu — et certes avec raison — contre Voltaire, contre Strauss, contre Feuerbach; mais Voltaire, mais Feuerbach, mais Strauss n'ont pas tant fait pour tuer la foi religieuse, que ne fait votre enseignement pratique des abjurations officielles, à cette fin de régner!

Les masses comprennent, croyez-le bien. Toute conscience d'homme est atteinte dans ce qu'elle a de plus intime. Et chacun tire les deux conclusions que voici :

Faisons du mal afin qu'il arrive du bien ! — car on se propose toujours le bien du peuple qu'on veut gouverner.

En matière religieuse, il n'y a ni vrai ni faux ! — Rien de vrai, et rien de faux ! Écoutez ces voix qui s'élèvent, presque du trône même. L'une dit : Jusqu'à présent j'avais cru, avec l'Église protestante, que la Bible était la seule règle de foi ; j'avais rejeté les livres apocryphes, la messe, les images, le culte des saints, l'absolution, les reliques ; mais, voulant penser ce que pense mon peuple, je n'hésite pas à professer l'adhésion aux apocryphes, à la messe, aux images, aux saints, aux reliques, à l'absolution, et je crois qu'on fait bien d'ôter la Bible au peuple !

L'autre dit : J'avais repoussé jusqu'à présent avec l'Église grecque, la papauté et une foule de conciles ; mais, voulant penser ce que pense mon peuple, je n'hésite pas à professer la foi aux conciles et aux papes.

Une troisième dit : J'avais repoussé jusqu'à présent, avec l'Église romaine, la Réforme du seizième siècle comme une épouvantable révolte ; mais, voulant penser ce que pense mon peuple, je n'hésite pas à déserter l'Eglise infaillible pour l'Église qui a failli, l'invariable vérité pour le schisme menteur.

En résumé, toutes ces voix s'unissent, criant dans les places publiques et dans les carrefours : Ne croyez pas ceux qui soutiennent les dogmes protestants; ne croyez pas ceux qui soutiennent les dogmes grecs; ne croyez pas ceux qui soutiennent les dogmes romains. Ces dogmes ne se ressemblent pas plus que le jour et la nuit, mais ils se valent. Quiconque attache de l'importance à ces contradictions est un imbécile ou un tartuffe.

Voilà quelle théorie on proclame en haut.

Voici quelle conséquence on tire en bas.

Si les dogmes spéciaux des trois communions n'ont aucune importance, les dogmes communs aux trois communions n'en ont pas plus. Si l'on s'est si complétement trompé sur les dogmes spéciaux, on a pu se tromper aussi sur les dogmes communs. Si les dogmes spéciaux n'ont pour eux que les imbéciles et les tartuffes, les dogmes communs peuvent aussi ne reposer que sur l'ignorance et l'hypocrisie.

On aura beau faire : du système qui admet toutes les religions à celui qui les nie toutes, la chute sera toujours inévitable et rapide ; l'indifférence mystique en matière de religion mènera toujours à l'incrédulité.

On aura beau faire aussi, le principe païen enfantera toujours le paganisme pratique. Entre la foi territoriale et la foi chrétienne, on ne conclura jamais de traité.

Note G

L'Angleterre, qui fournit l'opium aux Indes et qui l'introduit par force en Chine, l'Angleterre interdisait naguère l'évangélisation des indigènes indous ! Elle inoculait le poison et prohibait le contre-poison.

L'opinion chrétienne, soulevée en masse, a eu raison de la défense; l'Évangile pénètre partout à l'heure qu'il est. Mais pourquoi les chrétiens anglais n'ont-ils pas remporté la double victoire? pourquoi n'obtiennent-ils pas la suppression d'un commerce qui tue le corps aux Indes et qui tue la conscience en Angleterre?

A Java : interdiction d'annoncer l'Évangile aux gens du pays. La Hollande n'empoisonne pas; mais elle ne veut pas que les âmes vivent.

Est-ce que les chrétiens hollandais supporteront longtemps cet abus de pouvoir? Est-ce qu'un élan de leur foi ne fera pas sauter cette barrière qui, de par le gouvernement, sépare l'homme de Christ, c'est-à-dire l'âme du salut!

Note H

Au point de vue des blessures dont souffre la conscience, il n'est pas inutile de considérer l'affaire de Tropmann.

Je ne dis pas que Tropmann soit un type ou un échantillon; je remarque seulement ceci : la position sociale de Tropmann n'avait rien d'excessif, ni comme misère, ni comme dégradation. Tropmann appartenait à une famille honnête et unie. Son existence, jusqu'au moment des crimes, ne présente aucun incident monstrueux.

Je ne puis m'empêcher de retrouver dans les diaboliques calculs de Tropmann, dans son esprit inaccessible aux remords, dans la tension de son intelligence froidement bandée, à travers des mares de sang, vers ce but unique : s'approprier, en un seul coup de filet, le bien d'autrui! quelque chose de ce violent amour de l'argent, de cette dureté sauvage, de ce défaut absolu de scrupule dont notre génération actuelle, envahie par le matérialisme, nous a laissé plus d'une fois entrevoir les pâles éclairs.

Le trait effrayant chez Tropmann, remarquez-le — trait commun à beaucoup d'autres — le voici : Tropmann ne s'est pas élevé un seul instant au-dessus des régions de la matière ; pas un regret, pas un frisson ne l'ont ébranlé ; pas une notion morale ne s'est fait jour ; pas un mouvement de la conscience n'est venu secouer cette impassibilité morne. Si la crainte de la mort a saisi l'homme, c'était une terreur physique ; la préoccupation de l'Éternité n'y entrait pour rien.

Suppression absolue de l'âme et de Dieu : tel est l'abîme que cette individualité sinistre nous a montré.

FIN

TABLE

PREMIÈRE PARTIE

LA CONSCIENCE ET LA VÉRITÉ

RECHERCHE DE LA VÉRITÉ RELIGIEUSE

I. — Question posée	3
II. — Ce qu'est la conscience	5
III. — Les droits de la vérité	8
IV. — Croire en conscience	11
V. — Nier en conscience	16
VI. — Le Positivisme	21
VII. — Ce que la conscience oppose au Positivisme	24
VIII. — L'histoire nouvelle des religions	38
IX. — Territorialisme païen et conscience chrétienne	48
X. — La vérité chrétienne démontrée à la conscience par ses fruits	52
XI. — Fruits de l'Évangile pour le grand nombre	59
XII. — Les fruits diminuent à mesure que l'Évangile s'obscurcit	63
XIII. — Les conflits de la conscience et du faux christianisme	65
XIV. — Le pur Évangile n'a pas de conflits avec la conscience	77

XV. — Jusqu'où nous a menés cette recherche par la conscience 81

XVI. — La grande preuve fournie par la conscience : sentiment du péché 83

SECONDE PARTIE

LA CONSCIENCE ET L'ÉVANGILE

POSSESSION DE LA VÉRITÉ RELIGIEUSE

I. — La Bible 101
II. — Où va nous mener la conscience. 108
III. — Conversion 113
IV. — Illusions religieuses 117
V. — Relations avec Dieu 133
VI. — Sanctification 142
VII. — Culte, Prédication, Église 148
VIII. — La conscience dans la foi 158
IX. — La conscience vis-à-vis des événements. . . 164
X. — Résumé. 167

TROISIÈME PARTIE

LA CONSCIENCE ET LE DEVOIR

APPLICATION DE LA VÉRITÉ RELIGIEUSE

I. — Notre marche. 175

II. — Notion simple du devoir.	181
III. — Les deux morales	189
IV. — La conscience croît et décroît	201
V. — Ce qu'ôte la conscience.	206
VI. — Ce que donne la conscience	211
VII. — La conscience donne les bonnes tendresses	223
VIII. — La conscience individuelle donne la conscience publique	227
IX. — La conscience donne les libertés et les solutions sociales.	232
X. — La conscience dans les lettres et dans les arts.	239
XI. — La santé morale.	246
XII. — Conclusion	259

APPENDICE

CE QUI BLESSE LA CONSCIENCE

I. — Les philosophies	265
II. — Les religions.	282
III. — Quelques faits nationaux.	296
IV. — Quelques faits individuels.	307
V. — La vitalité de la conscience.	313

NOTES

Note *a*.	321
Note *b*.	322
Note *c*.	324
Note *d*.	327
Note *e*.	327

Note f. 335
Note g. 339
Note h. 340

MICHEL LÉVY FRÈRES, ÉDITEURS

OUVRAGES

DE

M. LE Cte A. DE GASPARIN

FR. C.

UN GRAND PEUPLE QUI SE RELÈVE, 2e édition. Un vol. grand in-18 .... 3 50

L'AMÉRIQUE DEVANT L'EUROPE. — PRINCIPES ET INTÉRÊTS. Un vol. in-8 .... 6 »

LE BONHEUR, 5e édition. Un vol. gr. in-18 ...... 3 50

LA CONSCIENCE. Un vol. gr. in-18 .... 3 50

L'ÉGALITÉ, 2e édition. Un vol. gr. in-18 .... 3 50

LA FAMILLE, ses devoirs, ses joies et ses douleurs, 7e édition. Deux vol. gr. in-18 .... 7 »

LA FRANCE, nos fautes, nos périls, notre avenir, 3e édit. Deux vol. gr. in-18 .... 7 »

INNOCENT III. Un vol. gr. in-18 .... 3 50

LA LIBERTÉ MORALE, 2e édition. Deux vol. gr. in-18 . 7 »

LA DÉCLARATION DE GUERRE, 2e édition. Brochure. » 50

LES RÉCLAMATIONS DES FEMMES, 3e édition. Brochure. 1 »

LA RÉPUBLIQUE NEUTRE D'ALSACE, 2e édit. Brochure.

APPEL AU PATRIOTISME ET AU BON SENS. Brochure.

Gasparin, Agénor-Etienne comte de
La Conscience

d'Asnières, 12.

www.ingramcontent.com/pod-product-compliance
Lightning Source LLC
Chambersburg PA
CBHW060321170426
43202CB00014B/2624